ओलम्पिक खेलों को जानें

ओलम्पिक खेलों को जानें

डॉ. कनिष्क पाण्डेय

राधाकृष्ण प्रकाशन

ISBN : 978-93-91950-17-0

ओलम्पिक खेलों को जानें (खेल)

पहला संस्करण : 2022

मूल्य : ₹450

प्रकाशक

राधाकृष्ण प्रकाशन प्राइवेट लिमिटेड
जी-17, जगतपुरी, दिल्ली-110 051

शाखाएँ : अशोक राजपथ, साइंस कॉलेज के सामने, पटना-800 006
पहली मंज़िल, दरबारी बिल्डिंग, महात्मा गांधी मार्ग, प्रयागराज-211 001
36 ए, शेक्सपियर सरणी, कोलकाता-700 017

वेबसाइट : www.radhakrishnaprakashan.com
ई-मेल : info@radhakrishnaprakashan.com

मुद्रक

बी.के. ऑफसेट
नवीन शाहदरा, दिल्ली-110 032

OLYMPIC KHELON KO JAANEIN
by Dr. Kanishk Pandey

भूमिका

ओलम्पिक में 100 साल से पुराना इतिहास, 1200 से अधिक खिलाड़ियों की भागीदारी, लेकिन पदक कुल जमा 35—इनमें भी दो पदक उन नार्मन प्रिचार्ड के हैं, जो मूल रूप से भारतीय नहीं थे। यह है ओलम्पिक में भारत का प्रदर्शन। वह खेल प्रतियोगिता जो हमें कड़ी प्रतिस्पर्धा और कभी हार नहीं मानने की सीख देती है। एक ऐसी प्रतियोगिता में जिसमें 'पोडियम' पर पहुँचना किसी भी खिलाड़ी के करियर की सबसे बड़ी उपलब्धि मानी जाती है। फिर हमारे खिलाड़ी अधिकतर ओलम्पिक खेलों में सिर्फ भाग लेकर ही क्यों खुश रहे? वे केवल पर्यटक क्यों बने रहे? उन्होंने आखिर अमेरिका, रूस, चीन और यूरोपीय देशों के खिलाड़ियों जैसा जोश और जुनून क्यों नहीं दिखाया? ये कुछ ऐसे सवाल हैं जो हर उस भारतीय खेल प्रेमी को कचोटते होंगे जो देश को खेलों के क्षेत्र में भी शिखर पर देखना चाहता होगा।

जब इस तरह के सवाल उठते हैं तो बात आती है खेल संस्कृति की। दुनिया के तमाम देशों ने दशकों पहले खेल संस्कृति को अपने आम जीवन का हिस्सा बना दिया था लेकिन भारत और भारतीय सम्भवत: आज भी इसे खुलकर स्वीकार नहीं कर पाए हैं। देश के ग्रामीण अंचलों में प्रतिभाएँ छिपी हैं लेकिन उन्हें पता ही नहीं है कि वे किस ओलम्पिक खेल में आगे बढ़ सकते हैं। खेल संस्कृति के विकास की पहली सीढ़ी युवाओं को खेल से अवगत कराना होता है। खेल को जानना और समझना किसी भी भावी

खिलाड़ी के लिए पहला पाठ होता है। उसे पता होना चाहिए कि अमुक खेल कैसे खेला जाता है। जब उसे खेल की जानकारी होगी तभी वह उस खेल को अपनाने पर विचार कर पाएगा। दुर्भाग्य से अधिकतर भारतीयों को उन खेलों की अधिक जानकारी नहीं है जो ओलम्पिक में शामिल हैं।

इन सब बातों पर गौर करने के बाद ही यह पुस्तक तैयार की गई है। इसे आप ओलम्पिक खेलों की पहली पाठशाला कह सकते हैं। यह ओलम्पिक खेलों का मूल है जिसमें प्रत्येक खेल के बारे में संक्षिप्त लेकिन पर्याप्त जानकारी दी गई। किसी भी युवा खिलाड़ी के लिए यह जानना आवश्यक है कि कोई भी खेल कैसे खेला जाता है। यह पुस्तक हर उस युवा के लिए बेहद उपयोगी साबित होगी जिसका सपना ओलम्पिक खेलों में भाग लेना और पदक जीतना हो। एथलेटिक्स किसी भी बड़ी खेल प्रतियोगिता की आत्मा होता है और इसको ध्यान में रखते हुए पुस्तक में ट्रैक एवं फील्ड स्पर्धाओं के विश्व और ओलम्पिक रिकॉर्ड दिए गए हैं ताकि कोई भी युवा खिलाड़ी ओलम्पिक खेलों की वास्तविक प्रतिस्पर्धा से अवगत हो सके।

भारत ने सही मायनों में 1920 में एंटवर्प ओलम्पिक खेलों में भाग लिया था क्योंकि 1900 में पेरिस ओलम्पिक में भाग लेने वाले नार्मन प्रिचार्ड को विश्व एथलेटिक्स भी भारत का नहीं मानती। इस तरह से भारत को ओलम्पिक में भाग लेते हुए 100 वर्ष से अधिक का समय हो गया, लेकिन अभी तक देश के स्कूलों में ऐसी पुस्तक पहुँचाने के प्रयास नहीं किए गए जो ओलम्पिक में शामिल खेलों का परिचय करा सके। इस पुस्तक में 37 खेलों का परिचय दिया गया है जिनमें से कुछ खेलों में भारत ने अब तक भाग भी नहीं लिया है। मुझे उम्मीद है कि यह पुस्तक युवाओं को इन सभी खेलों को अपनाने के लिए प्रेरित करेगी।

—कनिष्क पाण्डेय

क्रम

एथलेटिक्स

एथलेटिक्स

एथलेटिक्स मतलब दौड़ना, कूदना और फेंकना। इसलिए अंग्रेजी में इसे ट्रैक एवं फील्ड भी कहा जाता है। एथलेटिक्स किसी भी तरह के खेलों का वास्तविक स्वरूप है। एथलेटिक्स को ओलम्पिक की आत्मा कहा जा सकता है।

एथलेटिक्स में ट्रैक एवं फील्ड की प्रतियोगिताएँ अक्सर एक ही स्टेडियम में होती हैं। ओलम्पिक या किसी भी बड़े खेल आयोजन में यह मुख्य स्टेडियम होता है। ट्रैक में वे स्पर्धाएँ आती हैं जिन्हें स्टेडियम के ट्रैक या बाहर खुली सड़क पर आयोजित किया जाता है। ट्रैक पर फर्राटा, मध्यम दूरी और लम्बी दूरी की दौड़ होती है। मैराथन और 20 या 50 किमी. की पैदल चाल को बाहर खुली सड़क पर आयोजित करने का चलन है।

स्टेडियम में ट्रैक के अन्दर वाले स्थान को 'फील्ड' कहा जाता है जिसमें कूद और फेंकने की स्पर्धाएँ होती हैं जैसे लम्बी कूद, ऊँची कूद, त्रिकूद, भाला फेंक, चक्का फेंक, तारगोला फेंक, गोला फेंक आदि। ट्रैक एवं फील्ड की प्रतियोगिताएँ एक ही समय में साथ-साथ चलती

रहती हैं। कुछ ऐसी भी स्पर्धाएँ होती हैं जिनमें ट्रैक एवं फील्ड की दोनों स्पर्धाएँ शामिल होती हैं। जैसे पुरुषों की डेकाथलॉन और महिलाओं की हेप्टाथलॉन।

दुनिया में एथलेटिक्स का संचालन विश्व एथलेटिक्स (पूर्व में अन्तरराष्ट्रीय एमेच्योर एथलेटिक्स महासंघ, आईएएएफ) नामक संस्था और भारत में भारतीय एथलेटिक्स महासंघ (एएफआई) करता है।

ट्रैक स्पर्धाएँ

ट्रैक स्पर्धाओं में 100 मीटर की फर्राटा दौड़ से लेकर 10,000 मीटर, मैराथन और लम्बी दूरी की पैदल चाल शामिल होती हैं। फर्राटा दौड़ में 100 मीटर, 200 मीटर और 400 मीटर, मध्यम दूरी की दौड़ में 800 से 2,000 मीटर की दौड़ जबकि लम्बी दूरी की दौड़ में 3,000 मीटर से 30,000 मीटर और मैराथन शामिल हैं। इसके अलावा बाधा दौड़ होती है जिसमें धावकों को बीच-बीच में बैरियर को पार करना होता है।

फर्राटा दौड़

फर्राटा दौड़ में 100 मीटर, 200 मीटर और 400 मीटर की दौड़ शामिल हैं। इसमें एथलीट को पलक झपकते ही गति पकड़नी होती है।

100 मीटर दौड़

फर्राटा दौड़ की सबसे महत्त्वपूर्ण दौड़ 100 मीटर की दौड़ होती है। यह बमुश्किल 10 सेकेंड में समाप्त हो जाती है लेकिन यह किसी भी खेल प्रतियोगिता का सबसे बड़ा आकर्षण होती है। 100 मीटर की दौड़ जीतने वाला दुनिया का सबसे तेज धावक कहलाता है। वर्तमान समय में पुरुष वर्ग में 100 मीटर का विश्व और ओलम्पिक रिकॉर्ड जमैका के उसैन बोल्ट के नाम पर है।

रिकॉर्ड (पुरुष)

विश्व रिकॉर्ड—9.58 सेकेंड, उसैन बोल्ट (जमैका), 16 अगस्त, 2009, बर्लिन

ओलम्पिक रिकॉर्ड—9.63 सेकेंड, उसैन बोल्ट (जमैका), 05 अगस्त, 2012, लंदन

रिकॉर्ड (महिला)

विश्व रिकॉर्ड—10.49 सेकेंड, फ्लोरेंस ग्रिफिथ जॉयनर (अमेरिका), 16 जुलाई, 1988, इंडियानापोलिस

ओलम्पिक रिकॉर्ड—10.61 सेकेंड, एलेनी थॉमसन हेराह (जमैका), 31 जुलाई, 2021, टोक्यो

200 मीटर दौड़

यह भी फर्राटा दौड़ की ही श्रेणी में आती है। एथलीट इस दौड़ के लिए भी वही रणनीति अपनाते हैं जो 100 मीटर में उपयोग करते हैं। 200 मीटर की दौड़ को 1900 में ओलम्पिक में शामिल किया गया था।

रिकॉर्ड (पुरुष)

विश्व रिकॉर्ड—19.19 सेकेंड, उसैन बोल्ट (जमैका), 20 अगस्त, 2009, बर्लिन

ओलम्पिक रिकॉर्ड—19.30 सेकेंड, उसैन बोल्ट (जमैका), 20 अगस्त, 2008, बीजिंग

रिकॉर्ड (महिला)

विश्व रिकॉर्ड—21.34 सेकेंड, फ्लोरेंस ग्रिफिथ जॉयनर (अमेरिका), 29 सितम्बर, 1988, सियोल

ओलम्पिक रिकॉर्ड—21.34 सेकेंड, फ्लोरेंस ग्रिफिथ जॉयनर (अमेरिका), 29 सितम्बर, 1988, सियोल

400 मीटर दौड़

फ़र्राटा दौड़ में 400 मीटर की दौड़ भी शामिल है जो एथेंस में 1896 में खेले गए पहले ओलम्पिक से ही इन खेलों का हिस्सा है। फर्राटा दौड़ के कुछ एथलीट के 100 मीटर और 200 मीटर के अलावा 400 मीटर में भी दौड़ना पसन्द करते हैं। माइकल जॉनसन की 200 और 400 मीटर तो उसैन बोल्ट की 100 और 200 मीटर पसन्दीदा दौड़ थी।

रिकॉर्ड (पुरुष)

विश्व रिकॉर्ड—43.03 सेकेंड, वेडे वान नीकर्क (दक्षिण अफ्रीका), 14 अगस्त, 2016, रियो डि जेनेरियो

ओलम्पिक रिकॉर्ड—43.03 सेकेंड, वेडे वान नीकर्क (दक्षिण अफ्रीका), 14 अगस्त, 2016, रियो डि जेनेरियो

रिकॉर्ड (महिला)

विश्व रिकॉर्ड—47.60 सेकेंड, मार्टिता कोच (जर्मनी), 16 अक्टूबर, 1985, कैनबरा

ओलम्पिक रिकॉर्ड—48.25 सेकेंड, मेरी जोस पेरेक (फ्रांस), 29 जुलाई, 1996, अटलांटा

मध्यम दूरी की दौड़

मध्यम दूरी की दौड़ में 800 मीटर से 3000 मीटर की स्पर्धाएँ शामिल होती हैं। ओलम्पिक में मध्यम दूरी की दो दौड़ 800 और 1500 मीटर शामिल हैं। मध्यम दूरी की दौड़ में शुरू में कम तेजी की जरूरत पड़ती है लेकिन एथलीट को पूरी दौड़ में अपनी गति बनाए रखनी होती है और आखिर में उसे बढ़ाना होता है।

800 मीटर दौड़

ओलम्पिक में 1896 से ही खेलों का हिस्सा रही है 800 मीटर दौड़। महिलाओं ने 1928 में पहली बार इस स्पर्धा में भाग लिया था। किसी भी स्टेडियम में ट्रैक में एक लैप मतलब चक्र 400 मीटर का होता है और 800 मीटर में एथलीट को दो लैप पूरे करने होते हैं।

रिकॉर्ड (पुरुष)

विश्व रिकॉर्ड—1:40.91 (एक मिनट 40.91 सेकेंड) डेविड रूडिसा (केन्या), 09 अगस्त, 2012, लंदन

ओलम्पिक रिकॉर्ड—1:40.91, डेविड रूडिसा (केन्या), 09 अगस्त, 2012, लंदन

रिकॉर्ड (महिला)

विश्व रिकॉर्ड—1:53.28, जर्मिला क्रातोचविलोवा (चेक गणराज्य), 26 जुलाई, 1983, मंचेन (जर्मनी)

ओलम्पिक रिकॉर्ड—1:53.43, नेदेत्जा ओलिजारेंको (सोवियत संघ), 27 जुलाई, 1980, मास्को

1500 मीटर दौड़

मध्यम दूरी की महत्त्वपूर्ण दौड़ जो शुरू से ही दर्शकों के आकर्षण का केन्द्र रही है। ओलम्पिक में इसे भी 1896 में ही जगह मिल गई थी लेकिन महिलाओं को 1500 मीटर में दौड़ने का मौका बहुत बाद में 1972 में म्यूनिख ओलम्पिक में मिला था। इस दौड़ के लिए स्टेडियम के 400 मीटर ट्रैक के पौने चार लैप पूरे करने होते हैं। तैयारियाँ 800 मीटर जैसी होती हैं लेकिन दमखम और बेहतर होना जरूरी है।

रिकॉर्ड (पुरुष)

विश्व रिकॉर्ड—3:26.00, हिचेम अल गुएरोज (मोरक्को), 14 जुलाई, 1998, रोम

ओलम्पिक रिकॉर्ड—3:28.32, जेकब इंजेब्रिगट्सेन (नार्वे), 07 अगस्त, 2021, टोक्यो

रिकॉर्ड (महिला)

विश्व रिकॉर्ड—3:50.07 गेंजेबे दिबाबा (इथियोपिया), 17 जुलाई, 2015, मोनाको

ओलम्पिक रिकॉर्ड—3:53.11 फेथ किपियेगोन (केन्या), 06 अगस्त, 2021, टोक्यो

लम्बी दूरी की दौड़

लम्बी दूरी की दौड़ में ट्रैक रनिंग और रोड रनिंग शामिल हैं। ट्रैक रनिंग में 5,000 मीटर, 10,000 और 20,000 मीटर तो रोड रनिंग में हॉफ मैराथन और मैराथन शामिल हैं। हम यहाँ पर 5,000 मीटर, 10,000 मीटर और मैराथन का जिक्र करेंगे क्योंकि लम्बी दूरी की दौड़ में ये तीनों ही ओलम्पिक का हिस्सा हैं।

5,000 मीटर दौड़

लम्बी दूरी की सबसे प्रचलित दौड़। करीब तीन मील 188 गज की दूरी की दौड़। एक मानक ट्रैक पर 12.5 लैप पूरे करने पर 5,000 मीटर की दौड़ पूरी होती है। ओलम्पिक में 5,000 मीटर दौड़ में पुरुषों ने 1912 स्टाकहोम ओलम्पिक से भाग लेना शुरू कर दिया था लेकिन महिलाओं को 1996 में अटलांटा ओलम्पिक में पहली बार मौका मिला था।

रिकॉर्ड (पुरुष)

विश्व रिकॉर्ड—12:35.36, जोशुआ चेपटेगेई (युगांडा), 14 अगस्त, 2020, मोनाको

ओलम्पिक रिकॉर्ड—12:57.82, केनेनिसा बेकले (इथियोपिया), 23 अगस्त, 2008, बीजिंग

रिकॉर्ड (महिला)

विश्व रिकॉर्ड—14:06.62, लेटिजिनबिट गिडी (इथियोपिया), 07 अक्टूबर, 2020, वेलेंसिया

ओलम्पिक रिकॉर्ड—14:26.17, विवियन जेपकेमोइ चेरूयोट (केन्या) 19 अगस्त, 2016, रियो डि जेनेरियो

10,000 मीटर दौड़

किसी भी बड़ी प्रतियोगिता की आम दौड़। ओलम्पिक के साइज के ट्रैक में एथलीट 25 लैप दौड़कर 10,000 मीटर की दूरी पूरी करते हैं। यह ट्रैक पर होने वाली सबसे लम्बी दूरी की दौड़ है जिसमें एथलीट लगभग छह मील 376 गज की दूरी तय करता है। 10,000 मीटर की दौड़ 1912 से ओलम्पिक का हिस्सा बनी। महिलाओं ने ओलम्पिक में 10,000 मीटर में 1988 से भाग लेना शुरू किया था।

रिकॉर्ड (पुरुष)

विश्व रिकॉर्ड—26:11.00, जोशुआ चेपटेगेई (युगांडा), 07 अक्टूबर, 2020, वेलेंसिया

ओलम्पिक रिकॉर्ड—27:01.17, केनेनिसा बेकले (इथियोपिया), 17 अगस्त, 2008, बीजिंग

रिकॉर्ड (महिला)

विश्व रिकॉर्ड—29:01.03, लेटसेनबिट गिड (इथियोपिया), 08 जून, 2021, हेंजेलो

ओलम्पिक रिकॉर्ड—29:17.45, अलमाज अयाना (इथियोपिया), 12 अगस्त, 2016, रियो डि जेनेरियो

मैराथन

ओलम्पिक में रोड पर होने वाली एकमात्र स्पर्धा। मैराथन में कुल 42.195 किमी. (26 मील, 385 गज) की दूरी तय करनी होती है। विश्व भर में हर साल 800 से अधिक मैराथन का आयोजन किया जाता है जिसमें हजारों लोग भाग लेते हैं, लेकिन ओलम्पिक जैसी बड़ी प्रतियोगिताओं की मैराथन का अलग रोमांच है। मैराथन में शारीरिक और मानसिक फिटनेस की परीक्षा होती है। मैराथन 1896 से ही ओलम्पिक का हिस्सा है लेकिन महिलाओं ने इस दौड़ में 1984 में लास एंजिल्स ओलम्पिक से भाग लेना शुरू किया था।

रिकॉर्ड (पुरुष)

विश्व रिकॉर्ड—2:01:39 (दो घंटे, 01 मिनट, 39 सेकेंड), इलियुड किपचोगे (केन्या), 16 सितम्बर, 2018, बर्लिन

ओलम्पिक रिकॉर्ड—2:06:32, सैमुअल कमाउ वानजिरू (केन्या), 24 अगस्त, 2008, बीजिंग

रिकॉर्ड (महिला)

विश्व रिकॉर्ड—2:14:04, ब्रिगिड कोसगेई (केन्या), 13 अक्टूबर, 2019, शिकागो

ओलम्पिक रिकॉर्ड—2:23:07, तिकी गेलेना (इथियोपिया) 05 अगस्त, 2012, लंदन

पैदल चाल

पैदल चाल को ट्रैक या सड़क कहीं पर भी आयोजित किया जा सकता है। यह दौड़ से भिन्न है और इसमें प्रतिभागी को एक पाँव हमेशा जमीन पर रखना होता है। मतलब उसका जमीन से सम्पर्क नहीं टूटना चाहिए। यही नहीं जिस पाँव को आगे रखना है वह सीधा होना चाहिए। इन नियमों का उल्लंघन करने पर प्रतिभागी को चेतावनी दी जाती है। पैदल चाल में 10 निर्णायक होते हैं जो किसी एथलीट को चेतावनी देते हैं। यदि किसी एथलीट को तीन चेतावनी मिल जाती है तो उसे बाहर कर दिया जाता है। इसमें आप तेज गति से चल सकते हैं लेकिन दौड़ नहीं सकते। दौड़ने पर एथलीट को अयोग्य घोषित कर दिया जाता है। पैदल चाल में प्रतिभागी मुख्य लाइन पर खड़े होते हैं। उन्हें नीचे हाथ नहीं रखने होते हैं। पुरुष 20 किमी. और 50 किमी. की पैदल चाल में हिस्सा लेते हैं जबकि महिलाएँ केवल 20 किमी. की पैदल चाल में भाग लेती रही हैं।

20 किमी. पैदल चाल

ओलम्पिक में पैदल चाल पहली बार 1908 में लंदन ओलम्पिक में शामिल की गई थी। तब पुरुषों के वर्ग में 3500 मीटर और 10 मील पैदल चाल की स्पर्धाएँ आयोजित की गई थीं। लास एंजिल्स ओलम्पिक 1932 में पहली बार 50 किमी. जबकि मेलबर्न ओलम्पिक 1956 में 20 किमी. पैदल चाल इन खेलों का हिस्सा बनी। महिलाओं की 20 किमी. पैदल चाल सिडनी ओलम्पिक 2000 से शुरू की।

रिकॉर्ड (पुरुष)

विश्व रिकॉर्ड—1:16:36 (एक घंटा, 16 मिनट, 36 सेकेंड), युसुके सुजुकी (जापान), 15 मार्च, 2015, नोमी (जापान)

ओलम्पिक रिकॉर्ड—1:18:46, डिंग चेन (चीन), 04 अगस्त, 2012, लंदन

रिकॉर्ड (महिला)

विश्व रिकॉर्ड—1:23:49, जियायु यांग (चीन), 06 जून, 2015, हुआंगशान (चीन)

ओलम्पिक रिकॉर्ड—1:25:02, येलेना लशमानोवा (रूस), 11 अगस्त, 2012, लंदन

50 किमी. पैदल चाल

टोक्यो ओलम्पिक में आखिरी बार 50 किमी. की पैदल चाल का आयोजन किया गया क्योंकि अन्तरराष्ट्रीय ओलम्पिक समिति ने लैंगिक समानता लाने के लिए भविष्य में ओलम्पिक खेलों से इसे हटा दिया। पेरिस ओलम्पिक से मिश्रित पैदल चाल शुरू करने की योजना बन रही है। अभी तक 50 किमी. पैदल चाल में केवल पुरुष ही भाग लेते थे।

रिकॉर्ड (पुरुष)

विश्व रिकॉर्ड—3:32:33, योहान डिनिज (फ्रांस), 15 अगस्त, 2014, ज्यूरिख

ओलम्पिक रिकॉर्ड—3:36:53, जेरेड टैलेंट (आस्ट्रेलिया), 11 अगस्त, 2012, लंदन

बाधा दौड़ और स्टीपलचेज

बाधा दौड़ जैसा नाम है वैसी ही दौड़ भी है। इसमें एथलीट को निश्चित दूरी पर रखी गई बाधाओं को पार करना होता है। बाधा दौड़ का आयोजन 1850 के आसपास ब्रिटेन में किया जाने लगा था। बाधा दौड़ भी फर्राटा दौड़ की तरह ट्रैक पर होती है जिसमें एथलीट को अपनी तेज गति बनाए रखते हुए बाधाएँ भी पार करनी होती है। किसी भी एथलीट को उन बाधाओं पर स्पर्श होने से बचना चाहिए और इस बीच अपनी लेन से बाहर भी नहीं निकलना चाहिए। इन बाधाओं को पार करके जो एथलीट सबसे पहले फिनिश लाइन पर पहुँचता है वह विजेता बनता है। बाधाओं की दूरी दौड़, उम्र और लिंग पर निर्भर करती है। पुरुषों में 110 और 400 मीटर जबकि महिलाओं में 100 और 400 मीटर की बाधा दौड़ का आयोजन किया जाता है।

100 मीटर बाधा दौड़

महिलाओं के लिए 100 मीटर बाधा दौड़ का आयोजन किया जाता है। इस दौड़ में बाधा यानी हर्डल की ऊँचाई 83.8 सेमी. होती है और हल्का सा छू जाने पर यह गिर जाता है। पहली बाधा को शुरुआती लाइन में 13 मीटर की दूरी पर रखा जाता है जबकि अन्य नौ बाधाओं के बीच 8.5 मीटर की दूरी होती है। प्रतिभागियों को अन्तिम बाधा से फिनिश लाइन तक 10.5 मीटर की दूरी तय करनी होती है। ओलम्पिक में महिलाओं के लिए 1932 में 80 मीटर की बाधा दौड़ जोड़ी गई जो 1972 में 100 मीटर की कर दी गई।

रिकॉर्ड (महिला)

विश्व रिकॉर्ड—12.20 सेकेंड, केंड्रा हैरिसन (अमेरिका), 22 जुलाई, 2016, लंदन

ओलम्पिक रिकॉर्ड—12.26 सेकेंड, जैसमीन कमाचो क्विन (प्यूर्टोरिका), 01 अगस्त, 2021, टोक्यो

110 मीटर बाधा दौड़

इस दौड़ का आयोजन पुरुषों के लिए किया जाता है। 110 मीटर बाधा दौड़ में बाधा यानी हर्डल की ऊँचाई 107 सेमी. होती है और हल्का सा छू जाने पर यह गिर जाता है। पहली बाधा शुरुआती लाइन में 13.72 मीटर की दूरी पर रखी जाती है। अन्य नौ बाधाओं को 9.14 मीटर की समान दूरी पर रखा जाता है। प्रतिभागियों को अन्तिम बाधा से फिनिश लाइन तक 14.02 मीटर की दूरी तय करनी होती है। ओलम्पिक में 110 मीटर की बाधा दौड़ 1896 से ही इन खेलों का हिस्सा है।

रिकॉर्ड (पुरुष)

विश्व रिकॉर्ड—12.80 सेकेंड, एराइज मेरिट (अमेरिका), 07 सितम्बर, 2012, ब्रूसेल्स

ओलम्पिक रिकॉर्ड—12.91 सेकेंड, झियांग लियु (चीन), 27 अगस्त, 2004, एथेन्स

400 मीटर बाधा दौड़

पुरुष और महिला दोनों वर्गों में इस दौड़ का आयोजन किया जाता है। 400 मीटर बाधा दौड़ में बाधा यानी हर्डल की ऊँचाई पुरुषों के लिए 91.4 सेमी. और महिलाओं के लिए 76.2 सेमी. होती है। धावकों को एक मानक ट्रैक का पूरा चक्कर लगाना होता है जिसमें समान दूरी पर 10 बाधाएँ रखी होती हैं। धावकों को इन्हें पार करना होता है। हर्डल हल्का सा छू जाने पर भी गिर जाते हैं। ओलम्पिक में 400 मीटर बाधा दौड़ पेरिस ओलम्पिक 1900 में शामिल की गई थी। महिलाओं की 400 मीटर की बाधा दौड़ पहली बार 1984 लास एंजिल्स ओलम्पिक में शामिल की गई थी।

रिकॉर्ड (पुरुष)

विश्व रिकॉर्ड—45.94 सेकेंड, कार्सटन वारहोम (नार्वे), 03 अगस्त, 2021, टोक्यो

ओलम्पिक रिकॉर्ड—45.94 सेकेंड, कार्सटन वारहोम (नार्वे), 03 अगस्त, 2021, टोक्यो

रिकॉर्ड (महिला)

विश्व रिकॉर्ड—51.46 सेकेंड, सिडनी मैकलाघलिन (अमेरिका), 04 अगस्त, 2021, टोक्यो

ओलम्पिक रिकॉर्ड—51.46 सेकेंड, सिडनी मैकलाघलिन (अमेरिका), 04 अगस्त, 2021, टोक्यो

3000 मीटर स्टीपलचेज

बाधा दौड़ जहाँ छोटी दूरी में आयोजित की जाती है वहीं लम्बी दूरी में स्टीपलचेज की दौड़ होती हैं। इनमें सबसे अधिक लोकप्रिय 3000 मीटर स्टीपलचेज है जो ओलम्पिक का भी हिस्सा है। इसमें 28 बाधाओं को उछलकर और पानी की सात बाधाओं को कूदकर पार करना होता है। प्रत्येक एथलीट के लिए हर बाधा और पानी को कूदकर पार करना (वाटर जम्प) अनिवार्य होता है। प्रत्येक दौड़ में फिनिश लाइन पर शरीर का मुख्य भाग (केवल सिर, हाथ या पाँव नहीं) पार होने पर ही दौड़ पूरी मानी जाती है। पुरुषों के लिए बाधाएँ यानी हर्डल 91.4 सेमी. ऊँची जबकि महिलाओं के लिए 76.2 ऊँची होती हैं। वाटर जम्प का लैंडिंग क्षेत्र 12 फीट (3.66 मीटर) लम्बा और 70 सेमी. गहरा होता है। ओलम्पिक में 3000 मीटर स्टीपलचेज दौड़ पुरुष वर्ग में 1920 एंटवर्प में जबकि महिलाओं की 3000 मीटर स्टीपलचेज 2008 बीजिंग ओलम्पिक में शामिल की गई थी।

रिकॉर्ड (पुरुष)

विश्व रिकॉर्ड—7:53.63 (सात मिनट 53.63 सेकेंड) सैफ सईद शाहीन (कतर), 03 सितम्बर, 2004, ब्रूसेल्स

ओलम्पिक रिकॉर्ड—8:03.28, कॉन्सिलस किपरुतो (केन्या), 17 अगस्त, 2016, रियो डि जेनेरियो

रिकॉर्ड (महिला)

विश्व रिकॉर्ड—8:44.32, बीटराइस चेपकोइच (केन्या), 20 जुलाई, 2018, मोनाको

ओलम्पिक रिकॉर्ड—8:58.81, गुलनारा समितोवा गालकिना (रूस), 17 अगस्त, 2008, बीजिंग

रिले दौड़ (रिले रेस)

रिले दौड़ भी ट्रैक स्पर्धा है जिसमें चार धावक भाग लेते हैं। रिले रेस अमूमन कम दूरी यानी फर्राटा दौड़ में आयोजित की जाती हैं। इसमें एक टीम में चार एथलीट होते हैं। एक धावक अपनी दौड़ पूरी करने के बाद अगले धावक को बैटन सौंपता है। यह क्रम आखिरी धावक तक चलता है जो फिनिश लाइन तक पहुँचता है। बैटन प्लास्टिक या लकड़ी का बना होता है। एथलेटिक्स में दो मानक रिले दौड़ शामिल हैं 4X100 मीटर और 4X400 मीटर। ओलम्पिक में यही रिले दौड़ शामिल हैं। अब मिश्रित रिले दौड़ भी आयोजित की जा रही हैं जिसमें दो पुरुष और दो महिला एथलीट भाग लेते हैं।

ओलम्पिक में रिले दौड़ का आयोजन पहली बार 1912 में स्टाकहोम में किया गया था। तब पहली बार पुरुष वर्ग में 4X100 मीटर और 4X400 मीटर दौड़ का आयोजन किया गया था। महिलाओं के वर्ग में 4X100 मीटर दौड़ 1928 में एम्सटर्डम ओलम्पिक में शुरू हो गई थी लेकिन 4X400 मीटर की दौड़

में महिलाएँ पहली बार 1972 में म्यूनिख में दौड़ी थी। टोक्यो ओलम्पिक 2020 में पहली बार 4X400 मीटर मिश्रित रिले दौड़ का आयोजन किया गया।

4X100 मीटर रिले

रिकॉर्ड (पुरुष)

विश्व रिकॉर्ड—36.84 सेकेंड, जमैका, 11 अगस्त, 2012, लंदन

ओलम्पिक रिकॉर्ड—36.84 सेकेंड, जमैका, 11 अगस्त, 2012, लंदन

रिकॉर्ड (महिला)

विश्व रिकॉर्ड—40.82 सेकेंड, अमेरिका, 10 अगस्त, 2012, लंदन

ओलम्पिक रिकॉर्ड—40.82 सेकेंड, अमेरिका, 10 अगस्त, 2012, लंदन

4X400 मीटर रिले

रिकॉर्ड (पुरुष)

विश्व रिकॉर्ड—2:54.29, अमेरिका, 22 अगस्त, 1993, स्टुटगार्ट

ओलम्पिक रिकॉर्ड—2:55.39, अमेरिका, 23 अगस्त, 2008, बीजिंग

रिकॉर्ड (महिला)

विश्व रिकॉर्ड—3:15.17, सोवियत संघ, 01 अक्टूबर, 1988, सियोल

ओलम्पिक रिकॉर्ड—3:15.17, सोवियत संघ, 01 अक्टूबर, 1988, सियोल

4x400 मीटर मिश्रित रिले

विश्व रिकॉर्ड—3:09.34, अमेरिका, 29 सितम्बर, 2019, दोहा

ओलम्पिक रिकॉर्ड—3:09.87, पोलैंड, 31 जुलाई, 2021, टोक्यो

फील्ड स्पर्धाएँ

एथलेटिक्स की ट्रैक स्पर्धाओं में अगर दौड़ना शामिल है तो फील्ड स्पर्धाओं में कूदने और फेंकने में खिलाड़ी अपना दमखम दिखाते हैं। इसमें ऊँची कूद, लम्बी कूद, त्रिकूद, बाँस कूद यानी पोल वॉल्ट, भाला फेंक, गोला फेंक, चक्का फेंक, तार गोला फेंक यानी हैमर थ्रो शामिल हैं। स्टेडियम में ट्रैक के अन्दर निर्धारित स्थलों पर ये स्पर्धाएँ चलती रहती हैं। ऊँची कूद, लम्बी कूद, त्रिकूद, पोल वॉल्ट, गोला फेंक और चक्का फेंक 1896 से ही ओलम्पिक का हिस्सा हैं। तार गोला फेंक 1900 और भाला फेंक 1908 में ओलम्पिक में शामिल किए गए।

ऊँची कूद

ऊँची कूद यानी हाई जम्प में एथलीट एक निश्चित रन अप से दौड़ते हैं और वे चार मीटर की ऊँचाई पर लगे क्रासबार से अधिक ऊँचाई पर कूद

सकते हैं। प्रत्येक प्रतिभागी अपने लिए ऊँचाई तय कर सकता है। उसे विभिन्न ऊँचाईयों को कूदने के तीन अवसर मिलते हैं। वे मौजूदा ऊँचाई को पार नहीं करने के बावजूद अगले प्रयास में अधिक ऊँचाई रख सकते हैं। कूद लगाते समय शरीर का कोई भी अंग बार पर नहीं छूना चाहिए नहीं तो उसे फाउल माना जाएगा। तीनों प्रयास में फाउल करने वाला खिलाड़ी प्रतियोगिता से बाहर हो जाता है।

यदि दो एथलीट समान ऊँचाई पर कूद लगाते हैं तो उस खिलाड़ी को विजेता घोषित किया जाता है जिसने सबसे कम फाउल किए हों। यदि तब भी परिणाम बराबरी पर हो तो प्रतियोगिता में कम फाउल करने वाला एथलीट विजयी बनता है। इसके बाद 'जम्प ऑफ' होता है जिसमें एथलीट को एक निश्चित ऊँचाई पार करनी होती है। इसमें प्रत्येक एथलीट को एक-एक मौका मिलता है। जब तक विजेता तय नहीं हो जाता तब तक बार की ऊँचाई को कम या ज्यादा किया जाता है।

रिकॉर्ड (पुरुष)

विश्व रिकॉर्ड—2.45 मीटर, जेवियर सोटोमेयर (क्यूबा), 27 जुलाई, 1993, सेलेमांका (स्पेन)

ओलम्पिक रिकॉर्ड—2.39 मीटर, चार्ल्स आस्टिन (अमेरिका), 28 जुलाई, 1996, अटलांटा

रिकॉर्ड (महिला)

विश्व रिकॉर्ड—2.09 मीटर, स्टेफका कोस्तादिनोवा (बुल्गारिया), 30 अगस्त, 1987, रोम

ओलम्पिक रिकॉर्ड—2.06 मीटर, येलेना सलेसारेंको (रूस), 28 अगस्त, 2004, एथेन्स

लम्बी कूद

लम्बी कूद यानी लांग जम्प में भी एथलीट एक रनवे पर तेजी से दौड़कर लकड़ी के बोर्ड से सैंडपिट (बालू या मिट्टी वाली जगह पर छलाँग लगाते हैं। बोर्ड के किनारे से लेकर छलाँग से बने शुरुआती निशान को नापकर दूरी तय कर दी जाती। यदि कोई एथलीट बोर्ड के बाहर से छलाँग लगाता है तो वह फाउल हो जाता है और उसकी उस छलाँग को अमान्य माना जाता है। अधिकतर चैम्पियनशिप में प्रतिभागी को छह मौके मिलते हैं लेकिन उनमें से कम दूरी पर छलाँग लगाने वाले एथलीटों को तीन प्रयास के बाद बाहर कर दिया जाता है। फाइनल में सभी खिलाड़ियों को छह मौके मिलते हैं। यदि दो खिलाड़ियों ने समान दूरी पर छलाँग लगाई हो तो जिस खिलाड़ी की अगली छलाँग बेहतर होगी उसे विजेता घोषित किया जाता है।

रिकॉर्ड (पुरुष)

विश्व रिकॉर्ड—8.95 मीटर, माइक पॉवेल (अमेरिका), 30 अगस्त, 1991, टोक्यो

ओलम्पिक रिकॉर्ड—8.90 मीटर, बॉब बीमन (अमेरिका), 18 अक्टूबर, 1968, मैक्सिको सिटी

रिकॉर्ड (महिला)

विश्व रिकॉर्ड—7.52 मीटर, गैलिना चिस्तायाकोवा (सोवियत संघ), 11 जून, 1988, लेनिनग्राद

ओलम्पिक रिकॉर्ड—7.40 मीटर, जैकी जॉयनर कर्सी (अमेरिका), 29 सितम्बर, 1988, सियोल

पोल वॉल्ट (बाँस कूद)

पोल वॉल्ट में प्रतिभागी हाथ में पोल लेकर रनवे पर दौड़ लगाते हैं और पोल के सहारे क्रास बार को पार करते हैं। क्रास बार को 4.5 मीटर पर लगाया जाता है लेकिन एथलीट अपनी क्षमता के अनुसार किसी भी ऊँचाई पर इसे सेट कर सकते हैं। पोल कार्बन फाइबर या फाइबर ग्लास का बना होता है। खिलाड़ियों को क्रास बार को स्पर्श किए बिना बड़ी सफाई से उसे पार करना होता है। क्रास बार छू जाने पर फाउल माना जाता है। प्रत्येक खिलाड़ी को तीन मौके मिलते हैं। तीनों अवसरों पर फाउल करने पर प्रतिभागी प्रतियोगिता से बाहर हो जाता है।

यदि दो एथलीट समान ऊँचाई पर कूद लगाते हैं तो उस खिलाड़ी को विजेता घोषित किया जाता है जिसने सबसे कम फाउल किए हों। यदि तब भी परिणाम बराबरी पर हो तो प्रतियोगिता में कम फाउल करने वाला एथलीट विजयी बनता है। इसके बाद 'जम्प ऑफ' होता है जिसमें एथलीट को एक निश्चित ऊँचाई पार करनी होती है। इसमें प्रत्येक एथलीट को एक-एक मौका मिलता है। जब तक विजेता तय नहीं हो जाता तब तक बार की ऊँचाई को कम या ज्यादा किया जाता है।

रिकॉर्ड (पुरुष)

विश्व रिकॉर्ड—6.18 मीटर, अर्मांड डुप्लानटिस (स्वीडन), 15 फरवरी, 2020, ग्लास्गो

ओलम्पिक रिकॉर्ड—6.03 मीटर, थियागो ब्राज (ब्राजील), 15 अगस्त, 2016, रियो डि जेनेरियो

रिकॉर्ड (महिला)

विश्व रिकॉर्ड—5.06 मीटर, येलेना इसिनबायेवा (रूस), 28 अगस्त, 2009, ज्यूरिख

ओलम्पिक रिकॉर्ड—5.05 मीटर, येलेना इसिनबायेवा (रूस), 18 अगस्त, 2008, बीजिंग

त्रिकूद (ट्रिपल जम्प)

त्रिकूद यानी ट्रिपल जम्प के तीन चरण होते हैं—हॉप, स्टेप और जम्प। इसमें प्रतिभागी एक रनवे पर दौड़ते हैं और लकड़ी के बोर्ड के किनारे से छलाँग लगाते हैं। इसमें वह पहले अपने टेक-ऑफ वाले पाँव यानी हॉप पर उतरते हैं, फिर अपने विपरीत पाँव यानी स्टेप पर उतरते हैं और आखिर में बालू या मिट्टी यानी सैंडपिट पर कूदते हैं। यहाँ पर भी बोर्ड के किनारे से एथलीट के जरिये लगाई गई पूरी छलाँग के पहले निशान तक की दूरी को ट्रिपल जम्प की दूरी करार दिया जाता है।

बोर्ड के किनारे से लेकर छलाँग से बने शुरुआती निशान को नापकर दूरी तय कर दी जाती। यदि कोई एथलीट बोर्ड के बाहर से छलाँग लगाता है तो वह फाउल हो जाता है और उसकी उस छलाँग

को अमान्य माना जाता है। अधिकतर चैम्पियनशिप में प्रतिभागी को छह मौके मिलते हैं लेकिन उनमें से कम दूरी पर छलाँग लगाने वाले एथलीटों को तीन प्रयास के बाद बाहर कर दिया जाता है। फाइनल में सभी खिलाड़ियों को छह मौके मिलते हैं। यदि दो खिलाड़ियों ने समान दूरी पर छलाँग लगाई हो तो जिस खिलाड़ी की अगली छलाँग बेहतर होगी उसे विजेता घोषित किया जाता है।

रिकॉर्ड (पुरुष)

विश्व रिकॉर्ड—18.29 मीटर, जॉनाथन एडवर्ड्स (ग्रेट ब्रिटेन), 07 अगस्त, 1995, गोटेबर्ग

ओलम्पिक रिकॉर्ड—18.09 मीटर, कैनी हैरीसन (अमेरिका), 27 जुलाई, 1996, अटलांटा

रिकॉर्ड (महिला)

विश्व रिकॉर्ड—15.67 मीटर, युलिमार रोजस (वेनेजुएला), 01 अगस्त, 2021, टोक्यो

ओलम्पिक रिकॉर्ड—15.67 मीटर, युलिमार रोजस (वेनेजुएला), 01 अगस्त, 2021, टोक्यो

गोला फेंक (शॉट पुट)

गोला फेंक यानी शॉट पुट में गोले को सात फुट (2.135 मीटर) व्यास के चक्र पर तीन या चार बार घूमकर एक हाथ से अधिक से अधिक दूर तक फेंकना पड़ता है। पुरुष वर्ग के लिए

गोले का वजन 7.26 किग्रा. और महिलाओं के लिए चार किग्रा. होता है। खिलाड़ी को छह मौके मिलते हैं लेकिन गोला एथलीट के कंधों की सीध से नीचे नहीं गिरना चाहिए। इसके अलावा गोला 35 डिग्री क्षेत्र के अन्दर ही गिरना चाहिए। गोला फेंकते समय खिलाड़ी का पाँव चक्र के बाहर नहीं आना चाहिए। ऐसा होने पर वह फाउल माना जाएगा।

रिकॉर्ड (पुरुष)

विश्व रिकॉर्ड—23.37 मीटर, रेयान क्रोसर (अमेरिका), 18 जून, 2021, इयुगेन

ओलम्पिक रिकॉर्ड—23.30 मीटर, रेयान क्रोसर (अमेरिका), 05 अगस्त, 2021, टोक्यो

रिकॉर्ड (महिला)

विश्व रिकॉर्ड—22.63 मीटर, नतालिया लिसोवस्काया (सोवियत संघ), 07 जून, 1987, मास्को

ओलम्पिक रिकॉर्ड—22.41 मीटर, इलोना स्लुपियानेक (जर्मनी), 24 जुलाई, 1980, मास्को

चक्का फेंक (डिस्कस थ्रो)

चक्का फेंक में प्लेट के आकार की धातु को फेंकना पड़ता है। पुरुषों के लिए इसका वजन दो किग्रा. और व्यास 22 सेमी. जबकि महिलाओं के लिए वजन एक किग्रा. और व्यास 18 सेमी. होता है। प्रतिभागियों को चक्का 2.5 मीटर व्यास के घेरे के अन्दर से

तेजी से घूमकर फेंकना होता है। यही नहीं चक्का चिन्हित किए गए क्षेत्र के अन्दर ही फेंकना होता है। प्रत्येक खिलाड़ी को छह मौके मिलते हैं लेकिन घेरे के बाहर से चक्का फेंकने या चक्के के चिन्हित क्षेत्र के बाहर गिरने पर वह प्रयास अमान्य माना जाता है। जिस खिलाड़ी का चक्का सबसे दूर गिरता है उसे विजेता घोषित किया जाता है।

रिकॉर्ड (पुरुष)

विश्व रिकॉर्ड—74.08 मीटर, जुर्गेन शुल्ट (जर्मनी), 06 जून, 1986, नियुब्रानडेनबर्ग

ओलम्पिक रिकॉर्ड—69.89 मीटर, वर्जीलियस अलेन्का (लिथुवानिया), 23 अगस्त, 2004, एथेन्स

रिकॉर्ड (महिला)

विश्व रिकॉर्ड—76.80 मीटर, गैब्रिला रीयन्स (जर्मनी), 09 जुलाई, 1988, नियुब्रानडेनबर्ग

ओलम्पिक रिकॉर्ड—72.30 मीटर, मार्टिना हेलमैन (जर्मनी), 29 सितम्बर, 1988, सियोल

तार गोला फेंक (हैमर थ्रो)

हैमर थ्रो यानी तार गोला फेंक में भी गोला फेंक जैसा ही धातु से बनी गेंद का उपयोग किया जाता है। जो 1.21 मीटर लम्बी स्टील की तार से जुड़ी होती है। पूरे तारगोला का वजन पुरुषों के लिए 7.26 किग्रा. और महिलाओं के लिए

चार किग्रा. होता है। एथलीट दोनों हाथों से तार को पकड़ता है और 2.135 मीटर के सर्किल में कई बार घूमकर तेजी से उसे 35 डिग्री तक चिन्हित किए गए क्षेत्र में फेंकता है। प्रत्येक एथलीट को छह मौके मिलते हैं लेकिन आखिर में उसके सर्वश्रेष्ठ थ्रो को गिना जाता है। गोला फेंकते समय पाँव सर्किल के बाहर नहीं आना चाहिए।

रिकॉर्ड (पुरुष)

विश्व रिकॉर्ड—86.74 मीटर, यूरी सेडिक (सोवियत संघ), 30 अगस्त, 1986, स्टुटगार्ट

ओलम्पिक रिकॉर्ड—84.80 मीटर, सर्गेई लिटविनोव (सोवियत संघ), 26 सितम्बर, 1988, सियोल

रिकॉर्ड (महिला)

विश्व रिकॉर्ड—82.98 मीटर, अनिता ब्लोडाचेक (पोलैंड), 28 अगस्त, 2016, वारसा

ओलम्पिक रिकॉर्ड—82.29 मीटर, अनिता ब्लोडाचेक (पोलैंड), 15 अगस्त, 2016, रियो डि जेनेरियो

भाला फेंक (जेवलिन थ्रो)

नीरज चोपड़ा ने टोक्यो ओलम्पिक में स्वर्ण पदक जीतकर भाला फेंक यानी जेवलिन थ्रो को भारत के घर-घर में पहुँचा दिया है। भाला फेंक में भाला लकड़ी या धातु का बना

होता है। पुरुषों के लिए भाले का वजन 800 ग्राम से कम नहीं होनी चाहिए और उसकी लम्बाई 2.6-2.7 मीटर होनी चाहिए। महिलाओं के लिए यह क्रमशः 600 ग्राम और 2.2-2.3 मीटर है। भाले का आगे वाला हिस्सा नुकीला होता। एथलीट बीच के हिस्से में पकड़ बनाकर रन अप तेजी से दौड़कर हाथ को ऊपर ले जाकर जोर से इसे फेंकता है। भाला को पहले 29 डिग्री वाले क्षेत्र में उसकी नोक पर ही गिरना चाहिए। प्रतियोगियों के पास भाला फेंकने के छह मौके होते हैं। उसी प्रयास को गिना जाता है जिसमें भाला सबसे दूर गया हो।

रिकॉर्ड (पुरुष)

विश्व रिकॉर्ड—98.48 मीटर, जान जेलेजनी (चेक गणराज्य), 25 मई, 1996, जेना (जर्मनी)

ओलम्पिक रिकॉर्ड—90.57 मीटर, आंद्रियास, थोर्किल्डसेन (नार्वे), 23 अगस्त, 2008, बीजिंग

रिकॉर्ड (महिला)

विश्व रिकॉर्ड—72.28 मीटर, बारबोरा स्पोटाकोवा (चेक गणराज्य), 13 सितम्बर, 2008, स्टुटगार्ट

ओलम्पिक रिकॉर्ड—71.53 मीटर, ओलिसडीलिस मेनेडेज (क्यूबा), 27 अगस्त, 2004, एथेन्स

संयुक्त स्पर्धाएँ—डेकाथलॉन और हेप्टाथलॉन

एथलेटिक्स में दो ऐसी स्पर्धाएँ भी होती हैं जिनमें वास्तव में किसी एथलीट के हरफनमौला प्रदर्शन की परीक्षा होती है। ये स्पर्धाएँ हैं पुरुषों में डेकाथलॉन और महिलाओं में हेप्टाथलॉन। इनमें प्रतिभागी को कई स्पर्धाओं में भाग लेना होता है। प्रत्येक स्पर्धा में प्रदर्शन के आधार पर उन्हें अंक मिलते हैं और आखिर में जिस प्रतिभागी के सर्वाधिक अंक होते हैं उसे विजेता घोषित कर दिया जाता है। यह ऐसी स्पर्धाएँ हैं जो दो दिन तक चलती हैं। प्राचीन ओलम्पिक में भी इस तरह की स्पर्धाओं का आयोजन होता था जिन्हें पैंटाथलॉन कहा जाता था। इसमें लम्बी कूद, चक्का फेंक, भाला फेंक, फर्राटा दौड़ और कुश्ती शामिल थी।

डेकाथलॉन

डेकाथलॉन पुरुषों की प्रतियोगिता है जिसमें कुल दस स्पर्धाएँ शामिल होती हैं। एक तरह से इसमें एथलेटिक्स की अधिकतर स्पर्धाएँ आ जाती हैं, जो दो दिन तक चलती हैं। पहले दिन 100 मीटर दौड़, लम्बी कूद, गोला फेंक, ऊँची कूद और 400 मीटर दौड़ तथा दूसरे दिन 110 मीटर

बाधा दौड़, चक्का फेंक, पोल वॉल्ट, भाला फेंक और 1500 मीटर दौड़ की स्पर्धाएँ होती हैं। प्रत्येक स्पर्धा में एथलीट को अंक मिलते हैं और आखिर में सर्वाधिक अंक हासिल करने वाला खिलाड़ी विजेता बनता है। इनमें सम्बन्धित स्पर्धाओं के नियम लागू होते हैं, लेकिन लम्बी कूद, गोला फेंक और भाला फेंक में तीन-तीन मौके मिलते हैं। यदि खिलाड़ियों के अंक समान हों तो सबसे अधिक स्पर्धाओं में अधिक अंक बनाने वाला खिलाड़ी विजेता माना जाता है। यदि तब भी टाई होता है तो किसी एक स्पर्धा में सर्वाधिक अंक बनाने वाला खिलाड़ी विजेता बनता है।

ओलम्पिक में संयुक्त स्पर्धाओं की प्रतियोगिता 1904 ओलम्पिक खेलों में शुरू हुई थी लेकिन डेकाथलॉन का वर्तमान स्वरूप 1911 में पहली बार सामने लाया गया और फिर अगले साल स्टॉकहोम में खेले गए ओलम्पिक में इसके शामिल कर दिया गया।

रिकॉर्ड (पुरुष)

विश्व रिकॉर्ड—9126 अंक, केविन मेयर (फ्रांस), 16 सितम्बर, 2018, टैलेंस (फ्रांस)

ओलम्पिक रिकॉर्ड—9018 अंक, डेमियन वार्नर (कनाडा), 05 अगस्त, 2021, टोक्यो

हेप्टाथलॉन

पुरुषों के लिए अगर डेकाथलॉन है तो महिलाओं के लिए हेप्टाथलॉन। पुरुषों की प्रतियोगिता में दस स्पर्धाएँ शामिल होती हैं लेकिन हेप्टाथलॉन सात स्पर्धाओं की प्रतियोगिता है जो दो दिन तक चलती हैं। पहले दिन 100 मीटर बाधा दौड़, ऊँची कूद, गोला फेंक और 200 मीटर

दौड़ तथा दूसरे दिन लम्बी कूद, भाला फेंक और 800 मीटर दौड़ का आयोजन होता है।

प्रत्येक स्पर्धा में एथलीट को अंक मिलते हैं और आखिर में सर्वाधिक अंक हासिल करने वाला खिलाड़ी विजेता बनता है। इनमें सम्बन्धित स्पर्धाओं के नियम लागू होते हैं, लेकिन लम्बी कूद, गोला फेंक और भाला फेंक में तीन-तीन मौके मिलते हैं। यदि खिलाड़ियों के अंक समान हों तो सबसे अधिक स्पर्धाओं में अधिक अंक बनाने वाला खिलाड़ी विजेता माना जाता है। यदि तब भी टाई होता है तो किसी एक स्पर्धा में सर्वाधिक अंक बनाने वाला खिलाड़ी विजेता बनता है।

महिलाओं ने पहली बार ओलम्पिक में 1964 में टोक्यो में पेंटाथलॉन में हिस्सा लिया था। बाद में इसकी जगह हेप्टाथलॉन ने ले ली जिसमें सात स्पर्धाएँ शामिल थीं। हेप्टाथलॉन पहली बार 1984 लास एंजिल्स ओलम्पिक में इन खेलों का हिस्सा बना था।

रिकॉर्ड (महिला)

विश्व रिकॉर्ड—7291 अंक, जैकी जॉयनर कर्सी (अमेरिका), 24 सितम्बर, 1988, सियोल

ओलम्पिक रिकॉर्ड—7291 अंक, जैकी जॉयनर कर्सी (अमेरिका), 24 सितम्बर, 1988, सियोल

अन्य खेल

तीरंदाजी

तीरंदाजी में तीरंदाज एक लक्ष्य को निशाना बनाकर अपना तीर छोड़ते हैं। तीर एल्यूमीनियम या कार्बन ट्यूब का बना होता है। तीरंदाजी के उपकरणों में धनुष, बाण यानी तीर, तरकश (तीर रखने के लिए), हाथ के लिए कवच और वृत्ताकार चक्र (डिस्क) शामिल हैं। इसमें धनुष दो प्रकार रिकर्व (जिसका सिरा पीछे की तरफ मुड़ा हो) कम्पाउंड अर्थात यौगिक होते हैं। धनुषों के नाम के आधार पर ही तीरंदाजी के दो प्रकार होते हैं रिकर्व और कम्पाउंड। ओलम्पिक में केवल रिकर्व तीरंदाजी शामिल है।

वृत्ताकार चक्र पर अलग-अलग रंगों के वलय बने होते हैं जिससे स्कोर तय होता है। प्रत्येक रंग के दो-दो वलय होते हैं। जैसे सबसे अन्दर पीले रंग का वलय होता है जिस पर तीर लगने पर 10 अंक मिलते हैं। उसके बाहर वाले पीले रंग पर तीर लगता है तो नौ अंक मिलेंगे। इसके बाद लाल, नीला, काला और सफेद रंग के दो-दो वलय आते हैं। लाल रंग के अन्दर वाले वलय के आठ तो बाहरी वलय के सात अंक होते हैं। यह क्रम अन्य रंगों के साथ आगे बढ़ता जाता है।

सबसे बाहरी सफेद वलय होता जिस पर तीर लगने का केवल एक अंक मिलेगा। अमूमन एक बार में एक खिलाड़ी तीन बार बाण चलाता है।

ओलम्पिक में सबसे पहले 1900 में तीरंदाजी की प्रतियोगिताएँ आयोजित की गई थीं। इसके बाद 1904, 1908 और 1920 में भी तीरंदाजी ओलम्पिक खेलों का हिस्सा थी। सेंट लुई में 2004 में खेले गए ओलम्पिक खेलों में पहली बार महिला तीरंदाजों ने हिस्सा लिया था।

बैडमिंटन

बैडमिंटन, एक ऐसा खेल जिसके लिए चाहिए एक छोटा सा मैदान, दो रैकेट और एक चिड़िया अर्थात शटलकॉक। बैडमिंटन रैकेट और शटलकॉक का खेल है। रैकेट का बाहरी हिस्सा एल्युमीनियम या स्टील का बना होता है। हल्के रैकेट खेल के लिए उपयोगी माने जाते हैं। शटलकॉक को हम स्थानीय भाषा में चिड़िया भी कहते हैं जिसमें 16 पंख लगे होते हैं। इसका वजन पाँच ग्राम होता है। आजकल प्लास्टिक की शटलकॉक का भी चलन बढ़ गया है जो टिकाऊ होती हैं लेकिन पेशेवर खिलाड़ी पंख वाली शटलकॉक से अभ्यास करते हैं। बैडमिंटन आयताकार कोर्ट पर खेला जाता है जिसमें बीच में जाली अर्थात नेट लगी होती है। जाली की ऊँचाई 1.55 मीटर रखी जाती है।

बैडमिंटन में एकल, युगल और मिश्रित युगल स्पर्धाएँ होती हैं। बैडमिंटन में अमूमन तीन गेम का मुकाबला होता है जिसमें दो गेम जीतने वाला खिलाड़ी या जोड़ी विजेता बनती है। प्रत्येक गेम 21 अंक तक जाता है। जो भी खिलाड़ी या जोड़ी पहले 21 अंक बनाती है वह गेम जीत जाती है लेकिन अंकों में कम से कम दो अंक का अन्तर होना आवश्यक है।

अगर कोई गेम 20-20 से बराबरी पर हो तो फिर किसी खिलाड़ी या टीम को दो अंक का अन्तर होने पर ही विजयी माना जाएगा। यदि स्कोर 29-29 की बराबरी पर पहुँच जाता है तो फिर जो टीम या खिलाड़ी पहले 30 अंक बनाएगा वह उस गेम का विजेता होगा।

बैडमिंटन को पहली बार 1972 के ओलम्पिक खेलों में प्रदर्शनी खेल के रूप में शामिल किया गया था। इसके 20 साल बाद बार्सिलोना ओलम्पिक में बैडमिंटन आधिकारिक खेल बना मतलब इसमें पदक दिए जाने लगे।

बेसबॉल और सॉफ्टबॉल

बेसबॉल लगभग 175 साल पुराना खेल है जो दो टीमों के बीच खेला जाता है। प्रत्येक टीम में नौ-नौ खिलाड़ी शामिल होते हैं। प्रत्येक टीम अधिक से अधिक रन बनाने की कोशिश करते हैं। एक टीम बल्लेबाजी और दूसरी क्षेत्ररक्षण करती है। क्रिकेट की तरह इसमें भी सर्वाधिक रन बनाने वाली टीम जीत दर्ज करती है। यह खेल अमेरिका और जापान में बेहद लोकप्रिय है।

सॉफ्टबॉल भी बेसबॉल जैसा ही खेला जाता है। यह महिलाओं का खेल है और इसमें मैदान की लम्बाई और चौड़ाई बेसबॉल की तुलना में छोटी होती है। इसमें पिचर और बैटर के बीच की दूरी भी बेसबॉल की तुलना में कम होती है।

बेसबॉल को 2004 में ओलम्पिक खेलों में प्रदर्शनी खेल के रूप में शामिल किया गया था लेकिन इसे आधिकारिक खेल बनने के लिए 88 साल तक लम्बा इंतजार करना पड़ा। बेसबॉल बार्सिलोना ओलम्पिक 1992 में पदक वाला खेल था। सॉफ्टबॉल 1996 में पदक खेल के रूप में ओलम्पिक का हिस्सा बना था।

बास्केटबॉल

बास्केटबॉल इंडोर कोर्ट पर खेला जाता है जिसकी लम्बाई 28 मीटर और चौड़ाई 15 मीटर होती है। कोर्ट के दोनों छोर पर बास्केटबॉल नेट लगी होती है जिसमें गेंद डालने पर अंक मिलते हैं। बास्केटबॉल दो टीमों के बीच खेला जाता है और एक बार में अधिकतम पाँच खिलाड़ी कोर्ट पर उतर सकते हैं। अब 3X3 बास्केटबॉल लोकप्रिय होता जा रहा है जिसमें एक बार में तीन-तीन खिलाड़ी होते हैं। बास्केटबॉल चार क्वार्टर में खेला जाता है जिसमें प्रत्येक क्वार्टर 10-10 मिनट का होता है।

बास्केटबॉल को 1904 प्रदर्शनी खेल और 1936 में पदक वाले खेल के रूप में ओलम्पिक खेलों में शामिल किया गया था। महिलाओं को ओलम्पिक में बास्केटबॉल खेलने का पहला अवसर 1976 में मिला था।

मुक्केबाजी

मुक्केबाजी दो खिलाड़ियों के बीच का खेल है जिसमें वे एक-दूसरे को नॉकआउट करने या बेहतर अंकों के आधार पर जीत दर्ज करने का प्रयास करते हैं। नॉकआउट का मतलब है प्रतिद्वंद्वी खिलाड़ी का खेल जारी रखने में नाकाम रहना। इसके लिए रेफरी 10 तक गिनती गिनता है और यदि मुक्केबाज तैयार नहीं होता तो दूसरे मुक्केबाज को विजेता घोषित कर दिया जाता है। मुक्केबाज रिंग के भीतर होते हैं और रेफरी की देखरेख में वे एक दूसरे से भिड़ते हैं।

ओलम्पिक में तीन मिनट के तीन चक्र यानी राउंड होते हैं लेकिन अगर कोई मुक्केबाज पहले ही नॉकआउट हो जाता है तो मुकाबला वहीं पर खत्म हो जाता है। कमर के नीचे मुक्का नहीं जमाया जा सकता है। अंक केवल सही जगह पर मुक्का लगाने के लिए मिलते हैं।

रिंग के बाहर पाँच जज बैठे होते हैं जो मुक्केबाजों को अंक देते हैं। आखिर में प्रत्येक राउंड के अंक जोड़े जाते हैं। यदि पाँचों जज एक ही मुक्केबाज के पक्ष में अंक देते हैं तो उसे सर्वसम्मत निर्णय कहा जाता है। यदि जजों की राय भिन्न हो तो जिस मुक्केबाज के पक्ष में अधिक जजों का

फैसला जाता है वह विजयी बनता है। इसे विभाजित निर्णय कहा जाता है। रेफरी दोनों मुक्केबाजों को साथ में रखता है और जीतने वाले मुक्केबाज का हाथ उठाकर उसे विजेता घोषित करता है।

मुक्केबाजी विभिन्न भार वर्गों में आयोजित की जाती है। इनमें फ्लाईवेट (52 किग्रा.), फीदरवेट (57 किग्रा.), लाइटवेट (63 किग्रा.), वेल्टरवेट (69 किग्रा.), मिडिलवेट (75 किग्रा.), लाइट हैवीवेट (81 किग्रा.), हैवीवेट (91 किग्रा.), सुपर हैवीवेट (+ 91 किग्रा.) प्रमुख हैं।

ओलम्पिक में मुक्केबाजी पहली बार सेंट लुई 2004 में आयोजित की गई थी। ओलम्पिक में महिला मुक्केबाजी की शुरुआत लंदन 2012 में हुई थी।

साइकिलिंग

ओलम्पिक या बड़ी खेल प्रतियोगिताओं में ट्रैक साइकिलिंग, रोड साइकिलिंग, माउंटेन बाइक और बीएमएक्स शामिल हैं। ट्रैक साइकिलिंग एक विशेष ट्रैक पर आयोजित की जाती है जिसे वेलोड्रम कहते हैं। ट्रैक साइकिलिंग में 1000 मी. स्प्रिंट पुरुष, 1000 मी. स्प्रिंट महिला, टीम परस्यूट पुरुष, टीम परस्यूट महिला, केरिन पुरुष, केरिन महिला, मैडिसन पुरुष, मैडिसन महिला, ओमनियम पुरुष, ओमनियम महिला, टीम स्प्रिंट पुरुष और टीम स्प्रिंट महिला शामिल हैं। रोड साइकिलिंग में महिला और पुरुषों की व्यक्तिगत रोड रेस और टाइम ट्रायल शामिल हैं। माउंटेन बाइक में महिला और पुरुषों की क्रास कंट्री तथा बीएमएक्स में महिला और पुरुष दोनों वर्गों में व्यक्तिगत और फ्रीस्टाइल की स्पर्धाएँ शामिल हैं।

टीम परस्यूट में चार साइकिलिस्ट ट्रैक में चार किमी. की दूरी तय करते हैं जो कि कुल 16 लैप होते हैं। केरिन रफ्तार वाली रेस है जिसमें साइकिलिस्ट अपनी साइकिल को जम्प कराते हैं। मैडिसन ऐसी रेस है जिसमें साइकिलिस्ट अधिक से अधिक लैप पूरा करना चाहते हैं। प्रत्येक

खिलाड़ी बारी-बारी से टीम के अपने साथी को साइकिल सौंपता है और आराम करने के बाद फिर से रेस में उतरता है। ओमनियम में एक दिन में चार रेस टेम्पो रेस, स्क्रैच रेस, एलिमिनेशन रेस और प्वाइंट रेस आयोजित की जाती हैं। प्रत्येक रेस में विजेता को 40, दूसरे स्थान पर रहने वाले को 38 और इसी तरह से आगे के अंक दिए जाते हैं। स्प्रिंट में दो राइडर के बीच मुकाबला होता है जो तीन लैप पूरा करते हैं। टीम स्प्रिंट में तीन राइडर हिस्सा लेते हैं जिसमें वे बारी-बारी से एक-एक लैप पूरा करते हैं।

आधुनिक ओलम्पिक की शुरुआत तक यूरोप में साइकिलिंग काफी लोकप्रिय हो चुकी थी और इसलिए इसके 1896 में एथेंस ओलम्पिक में आसानी से जगह मिल गई। उस समय केवल पुरुष साइकिलिस्ट ही इसमें भाग लेते थे। महिलाओं को ओलम्पिक साइकिलिंग में जगह बनाने के लिए लम्बा इंतजार करना पड़ा। महिलाओं ने पहली बार 1984 में लास एंजिल्स ओलम्पिक में रोड रेस में और इसके चार साल बाद 1988 में उन्होंने ट्रैक स्पर्धाओं में हिस्सा लेना शुरू किया था।

घुड़सवारी

घुड़सवारी के नाम से ही पता चलता है कि इसमें घोड़े की भूमिका अहम होती है। ओलम्पिक में ड्रेसेज, जम्पिंग और इवेंटिंग में व्यक्तिगत और टीम स्पर्धाएँ होती हैं।

ड्रेसेज के लिए छोटे या मानक एरीना का इस्तेमाल किया जाता है। छोटा एरीना 20 मीटर गुणा 40 मीटर का होता है। इस एरीना में कई जगह पर अलग-अलग अक्षरों को चिन्हित किया जाता है जिससे यह पता चलता है कि दौड़ कहाँ होनी है। मानक एरीना 20 मीटर गुणा 60 मीटर का होता है। इसका उपयोग ड्रेसेज और इवेंटिंग दोनों के लिए किया जाता है। इस एरीना में प्रयुक्त अक्षर A-K-V-E-S-H-C-M-R-B-P-F होते हैं। इसमें घुड़सवारों के प्रदर्शन को देखते हुए जज अंक देते हैं जिसके आधार पर आखिर में विजेता का निर्धारण किया जाता है।

जम्पिंग में घुड़सवार और घोड़े के बीच तालमेल आँका जाता है। इसमें घुड़सवार को घोड़े के साथ कई बाधाओं जैसे गड्ढे, छोटी दीवारें और समानान्तर डंडों को पार करना होता है। इसमें जो भी सवार और

घोड़े की जोड़ी सबसे कम पेनल्टी के साथ कम समय में स्पर्धा पूरी करता है उसे विजेता माना जाता है।

इवेंटिंग में ड्रेसेज, क्रास कंट्री और शो जम्पिंग में घुड़सवार के कौशल को आँका जाता है। इसकी स्कोरिंग में पेनल्टी अंक शामिल होते हैं। इसमें सबसे कम पेनल्टी अंक पाने वाला घुड़सवार या टीम विजेता होती है।

घुड़सवारी प्राचीन ओलम्पिक का हिस्सा था, लेकिन 1896 में जब आधुनिक ओलम्पिक शुरू हुए तो यह उन खेलों में शामिल नहीं था। पेरिस 1900 में पहली बार घुड़सवारी ओलम्पिक का हिस्सा बनी। इसमें जम्पिंग स्पर्धाएँ शामिल की गई थी। स्टॉकहोम ओलम्पिक 2012 में ड्रेसेज, जम्पिंग और इवेंटिग में स्पर्धाएँ हुई थीं और आज भी ये इन खेलों का हिस्सा हैं। हेलसिंकी ओलम्पिक 1948 में महिलाओं ने भी 'ड्रेसेज' में भाग लिया था। महिलाओं ने 1956 ओलम्पिक में जम्पिंग और 1964 टोक्यो ओलम्पिक से 'इवेंटिंग' में भी हिस्सा लेना शुरू कर दिया था।

तलवारबाजी

तलवारबाजी में तलवार का उपयोग आक्रमण और रक्षण के लिए किया जाता है। इसके तीन प्रारूप एपि, फॉयल और साबरे होते हैं। तलवारबाजी में दो प्रतियोगी हाथों में तलवार लेकर एक-दूसरे के शरीर पर प्रहार करने की कोशिश करते हैं। शरीर के कुछ तय अंग होते हैं जिन पर प्रहार किया जा सकता है। इसके तीनों प्रारूपों के लिए अलग-अलग नियम होते हैं। ओलम्पिक में पुरुष और महिला वर्ग में व्यक्तिगत फॉयल, व्यक्तिगत एपि, व्यक्तिगत साबरे तथा इन तीनों प्रारूपों की दोनों वर्गों में टीम स्पर्धाएँ शामिल हैं।

एपि में पूरी तलवार की लम्बाई 110 सेमी. और ब्लेड की लम्बाई 90 सेमी. होती है लेकिन इसका वजन 775 ग्राम से ज्यादा नहीं होना चाहिए। इसमें सिर से लेकर पैर तक पूरे शरीर पर आक्रमण किया जा सकता है। प्रहार करने वाले खिलाड़ी को अंक मिलते हैं। प्रहारों की गिनती विद्युत रिकॉर्डिंग उपकरण से गिना जाता है।

फॉयल में तलवार की लम्बाई और चौड़ाई एपि के समान ही होती है लेकिन उसका वजन 500 ग्राम से कम होना चाहिए। इसमें पाँव और

हाथ पर प्रहार नहीं कर सकते। प्रहार तलवार की नोक से किए जाते हैं। गलत और अमान्य प्रहार होने पर मुकाबला रोक दिया जाता है और अंक भी नहीं दिए जाते हैं।

साबरे में पूरी तलवार की लम्बाई 105 सेमी. और ब्लेड की लम्बाई 88 सेमी. होती है। कुल वजन 500 ग्राम से कम होना चाहिए। इसमें तलवार के किसी भी हिस्से से शरीर के कमर से ऊपर वाले हिस्से पर प्रहार किया जाता है। भारत की पहली ओलंपियन तलवारबाज भवानी देवी साबरे स्पर्धा में प्रतियोगिता में भाग लेती हैं।

ओलम्पिक में 1896 एथेंस ओलम्पिक में ही तलवारबाजी को शामिल कर दिया गया था और तब से वह इन खेलों का हिस्सा बना हुआ है। महिला तलवारबाजी 1924 में पेरिस ओलम्पिक में शामिल की गई थी। महिलाएँ पहले फ्वाइल में भाग लेती थीं लेकिन अटलांटा ओलम्पिक 1996 स उन्होंने एपे और एथेन्स 2004 से साबरे में हिस्सा लेना शुरू किया था।

फुटबॉल

दुनिया का सबसे सस्ता और लोकप्रिय खेल है फुटबॉल। दो टीमों के बीच खेला जाने वाला खेल जिसमें प्रत्येक टीम में 11-11 खिलाड़ी होते हैं। इनमें से एक खिलाड़ी गोलपोस्ट की रक्षा करने के लिए होता है जिसे गोलकीपर कहते हैं। गोलकीपर के आसपास के क्षेत्र में जो अन्य खिलाड़ी तैनात रहते हैं उन्हें डिफेंडर या रक्षक कहा जाता है। मध्य पंक्ति के खिलाड़ियों को मिडफील्डर और अग्रिम पंक्ति के खिलाड़ियों को फारवर्ड या स्ट्राइकर कहा जाता है।

फुटबॉल में एक मैच 90 मिनट का होता है जिसमें 45-45 मिनट के दो हॉफ होते हैं। प्रत्येक हॉफ में बर्बाद हुए खेल की भरपाई करने के लिए अतिरिक्त समय जोड़ा जाता है जिसे 'इंजुरी टाइम' कहते हैं। जिस मैच में हार-जीत का निर्णय आवश्यक हो जैसे कि नॉकआउट चरण के मैच, उनमें 90 मिनट तक परिणाम बराबरी पर रहने की स्थिति में 30 मिनट का अतिरिक्त समय जोड़ा जाता है। अगर तब भी परिणाम बराबर रहे तो पेनल्टी शूटआउट का सहारा लिया जाता है।

ओलम्पिक में फुटबॉल को पहली बार पेरिस ओलम्पिक 1900 में शामिल किया गया था। इसके बाद लास एंजिल्स 1932 को छोड़कर फुटबॉल प्रत्येक ओलम्पिक खेलों का हिस्सा रहा। महिला फुटबॉल पहली बार 1996 में ओलम्पिक कार्यक्रम में शामिल किया गया।

गोल्फ

गोल्फ में कोई भी टूर्नामेंट चार दिन तक चलता है। अमूमन एक दिन में 18 होल का खेल होता है जिसके आधार पर अंकों का निर्धारण होता है। प्रत्येक होल निश्चित 'पार' स्कोर का होता है मतलब कोई होल अगर पार चार का है और गोल्फर चार शॉट में उसमें गेंद डालता है तो यह 'पार स्कोर' होता है। अगर तीन बार में शॉट होल में चला जाता है तो खिलाड़ी के नाम पर बर्डी जुड़ जाती है जबकि पाँच शॉट में गेंद होल में डालने पर बोगी हो जाती है।

किसी एक होल में दो अंडर को 'ईगल्स' और दो ओवर को डबल बोगी कहते हैं। बर्डी मतलब वन अंडर पार यानी अच्छा प्रदर्शन और बोगी मतलब एक ओवर पार यानी खराब प्रदर्शन। इसलिए अगर 72 शॉट के खेल में जिस खिलाड़ी का स्कोर अंडर पार यानी 72 से कम रहेगा, वह बेहतर स्थिति में होता है जबकि 72 से अधिक का स्कोर ओवर पार कहलाता है मतलब खराब प्रदर्शन। इस प्रदर्शन के आधार पर दो राउंड के बाद 'कट' तय किया जाता है मतलब कितने खिलाड़ी बाकी बचे दो राउंड में भी खेलेंगे।

गोल्फ को ओलम्पिक खेलों में 1900 में ही शामिल कर दिया गया था लेकिन 1904 के बाद इसे ओलम्पिक कार्यक्रम से हटा दिया गया। इसके बाद गोल्फ की 112 साल बाद रियो डि जेनेरियो ओलम्पिक 2016 में वापसी हुई थी।

जिम्नास्टिक

अनुशासन, शारीरिक कौशल, नियंत्रण, सन्तुलन, समन्वय, निपुणता, ताकत, फुर्ती और शालीनता का संयोजन है जिम्नास्टिक, जिसमें प्रतियोगी का कलाबाजी कौशल दर्शकों को मंत्रमुग्ध कर देता है। दीपा कर्माकर ने रियो ओलम्पिक 2006 में वॉल्ट स्पर्धा में चौथे स्थान पर रहकर भारत में इस खेल को लोकप्रियता दिलाई थी।

जिम्नास्टिक के मुख्य रूप से दो प्रकार होते हैं कलात्मक जिम्नास्टिक (Artistic Gymnastics) और लयबद्ध जिम्नास्टिक (Rhythmic Gymnastics)। ओलम्पिक में इन दोनों प्रकार में स्पर्धाएँ होती हैं। कलात्मक जिम्नास्टिक में पुरुषों के लिए फ्लोर एक्सरसाइज, हॉरिजेंटल बार, व्यक्तिगत आलराउंड, पैरलल बार्स, पॉमेल हॉर्स, रिंग्स, वॉल्ट और टीम प्रतियोगिता जबकि महिलाओं में बीम, फ्लोर एक्सरसाइज, व्यक्तिगत आलराउंड, अनइवन बार्स, वॉल्ट और टीम प्रतियोगिता शामिल है। महिला वर्ग में लयबद्ध जिम्नास्टिक भी शामिल है जिसमें ग्रुप आलराउंड प्रतियोगिता और व्यक्तिगत आलराउंड प्रतियोगिता होती है। प्रत्येक स्पर्धा में खिलाड़ियों के प्रदर्शन

के अनुसार जज अंक देते हैं जिसके आधार पर विजेता घोषित किया जाता है।

कलात्मक जिम्नास्टिक को 1986 में एथेन्स में खेले गए पहले ओलम्पिक में ही शामिल कर दिया गया था और तब से यह इन खेलों का हिस्सा है। पहले केवल पुरुष ही इसमें भाग लेते थे लेकिन 1928 में एम्सटर्डम ओलम्पिक से इसमें महिलाओं ने भी हिस्सा लेना शुरू कर दिया। लयबद्ध जिम्नास्टिक को पहली बार लास एंजिल्स ओलम्पिक में शामिल किया गया और तब से यह ओलम्पिक कार्यक्रम का हिस्सा है।

ट्रैम्पोलिन

ट्रैम्पोलिन जिम्नास्टिक का ही एक प्रकार है जिसमें खिलाड़ी अपने एक्रोबैटिक कौशल का प्रदर्शन करके अंक बनाते हैं और उसी आधार पर उनके स्थानों का निर्धारण किया जाता है। पहले ट्रैम्पोलिन से अंतरिक्ष यात्रियों और पायलटों को प्रशिक्षित किया जाता था। अन्य खेलों विशेषकर गोताखोरी, जिम्नास्टिक आदि में भी प्रशिक्षण के लिए इसका उपयोग होता था लेकिन धीरे-धीरे ट्रैम्पोलिन एक खेल के रूप में विकसित हो गया। ट्रैम्पोलिन सिडनी 2000 में ओलम्पिक का हिस्सा बन गया। इसमें पुरुष और महिला वर्ग में व्यक्तिगत स्पर्धाएँ होती हैं।

हैंडबॉल

हैंडबॉल को अगर सरल शब्दों में परिभाषित करें तो यह बास्केटबॉल और फुटबॉल का मिश्रण है। इसमें बास्केटबॉल की तरह हाथ से गेंद को फेंका जाता है लेकिन इसमें फुटबॉल की तरह गोलपोस्ट होता है।

हैंडबॉल में सात-सात खिलाड़ी भाग लेते हैं जो गेंद को ड्रिबल करते हुए विरोधी खेमे के गोल में फेंकते हैं। हैंडबॉल का कोर्ट 40 मीटर लम्बा और 20 मीटर चौड़ा होता है। कोर्ट के दोनों तरफ अंग्रेजी के 'डी' के आकार का घेरा बना होता है जो गोल क्षेत्र होता है।

प्रत्येक मैच 60 मिनट का होता है जिसमें 30-30 मिनट के दो हॉफ होते हैं। सर्वाधिक गोल करने वाली टीम विजेता घोषित की जाती है।

ओलम्पिक में पहली बार 1936 बर्लिन में हैंडबॉल को शामिल किया गया लेकिन तब इस खेल में 11 खिलाड़ी भाग लेते थे और मुकाबले बाहर फुटबॉल के मैदान पर खेले गए थे।

आधुनिक हैंडबॉल का ओलम्पिक में प्रवेश म्यूनिख ओलम्पिक 1972 में हुआ था। महिला हैंडबॉल को 1976 में मांट्रियल में ओलम्पिक में जगह मिली।

हॉकी

भारत को एक समय ओलम्पिक में हॉकी के कारण जाना जाता था। हॉकी में भारत ने सर्वाधिक आठ स्वर्ण पदक जीते हैं। यह टीम खेल है जिसमें मुकाबला दो टीमों के बीच होता है। प्रत्येक टीम में 11-11 खिलाड़ी होते हैं जिनमें गोलकीपर, रक्षक यानी डिफेंडर, मिडफील्डर और फारवर्ड या स्ट्राइकर शामिल होते हैं। फुटबॉल की तरह कुछ खिलाड़ियों को खेल के बीच में बाहर बुलाकर उनकी जगह नए खिलाड़ियों को मैदान पर भेजा जाता है। हॉकी पहले घास के मैदानों पर खेली जाती थी लेकिन अब यह एस्ट्रोटर्फ यानी कृत्रिम घास के मैदान पर खेली जाती है।

हॉकी का मैच पहले 70 मिनट का होता था जिसमें पहले 35-35 मिनट के दो हॉफ होते थे लेकिन अब यह 60 मिनट का होता है जिसे 15-15 मिनट के चार क्वार्टर में खेला जाता है। हॉकी में गोलकीपर और रक्षापंक्ति के खिलाड़ियों का काम गोल बचाना होता है तो मध्य पंक्ति के खिलाड़ियों को 'प्लेमेकर' की भूमिका निभानी होती है। उन्हें न सिर्फ गोल बचाने में अपनी भूमिका निभानी होती है बल्कि गोल भी

बनाने होते हैं। अग्रिम पंक्ति के खिलाड़ियों को उनके प्रयास पर मौके भुनाने पड़ते हैं। प्रत्येक टीम एक या दो पेनल्टी कार्नर विशेषज्ञ भी होते हैं।

ओलम्पिक में हॉकी को पहली बार लंदन में 1908 में शामिल किया गया था जिसमें छह टीमों ने हिस्सा लिया था। भारत ने पहली बार एम्सटर्डम ओलम्पिक 1928 में हॉकी में हिस्सा लिया था। महिला हॉकी पहली बार 1980 में मास्को खेलों में ओलम्पिक का हिस्सा बनी थी।

भारत ने ओलम्पिक में 1928 से 1956 तक लगातार छह खिताब जीते और वह लगातार 30 मैचों तक अजेय रहा था। इसके बाद भारत ने टोक्यो 1964 और मास्को 1980 में भी स्वर्ण पदक जीते। टोक्यो ओलम्पिक 2020 में कांस्य पदक जीतकर भारत ने 41 साल से चले आ रहे पदक के सूखे को खत्म किया था। भारतीय महिला हॉकी टीम इन टोक्यो खेलों में चौथे स्थान पर रही थी।

जूडो

जापान की टेकनाची रियु मार्शल आर्ट का एक प्रारूप है जुजुत्सु जिससे जूडो बना। यह प्रतिद्वंद्वी पर हमला करने और खुद का बचाव करने की कला है। जूडो एक रिंग पर खेला जाता है जिसे सियाइओ कहा जाता है। यह स्क्वायर के आकार का प्लेटफॉर्म होता है जो जमीन से थोड़ा ऊपर होता है। इसकी चौड़ाई आठ मीटर और लम्बाई 10 मीटर होती है। रिंग के बाहर सात सेंटीमीटर का घेरा होता है जिसके लाल रंग से प्रदर्शित किया जाता है।

जूडो दो खिलाड़ियों के बीच खेला जाता है जिन्हें जुडोका कहा जाता है। वे रिंग पर पहुँचने के बाद सबसे पहले जज और रेफरी का अभिवादन करते हैं। रेफरी के कहने पर मुकाबला शुरू होता है जिसमें खिलाड़ी एक-दूसरे पर पकड़ बनाने की कोशिश करते हैं। पुरुष वर्ग में मुकाबले के लिए पाँच मिनट और महिला वर्ग में चार मिनट का समय होता है। यदि स्कोर बराबर होता है तो मुकाबला गोल्डन स्कोर या ओवर टाइम में चला जाता है। इसमें पहला अंक बनाने वाला खिलाड़ी विजेता घोषित किया जाता है।

ओलम्पिक में जूडो महिला और पुरुष दोनों में सात वजन वर्गों में होता है। ओलम्पिक में जूडो पहली बार 1964 में टोक्यो ओलम्पिक में शामिल किया गया था। महिलाओं ने पहली बार बार्सिलोना ओलम्पिक 1992 में जूडो में हिस्सा लिया।

कराटे

कराटे जापान का प्राचीन खेल है। इसकी शुरुआत 15वीं सदी के आसपास रियुकिये साम्राज्य के दौरान जापान के ओकिनावा में हुई थी। कराटे के तीन प्रकार किहोन, काटा और कुमीते होते हैं। किहोन इसका मूल स्वरूप है। कुमीते में मार्शल आर्ट्स की विभिन्न तकनीक शामिल हैं। काटा को चीन की देन माना जाता है जो 15वीं सदी में जापान तक पहुँचा था। इसलिए काटा को चीनी मार्शल आर्ट का एक प्रारूप भी कहा जाता है। काटा में मूल तकनीकी का अद्‌भुत संयोजन देखने को मिलता है। काटा में जज खिलाड़ी स्टांस, तकनीक, चाल में परिवर्तन, साँस लेने के सही तरीके, एकाग्रता के अलावा शक्ति, गति और सन्तुलन का आकलन करके अंक देते हैं, इसलिए काटा को कुमीते से अधिक मुश्किल माना जाता है।

ओलम्पिक में पहली बार 2021 में खेले गए टोक्यो ओलम्पिक 2020 में कराटे को शामिल किया गया। टोक्यो खेलों में पुरुष वर्ग में 67, 75 और 75+ भार वर्ग जबकि महिलाओं ने 55, 61 और 61+ भार वर्ग में हिस्सा लिया। कुमीते में दो खिलाड़ी 8X8 मीटर के दायरे में लड़ते हैं जिसमें एक राउंड तीन मिनट का होता है। किसी भी खिलाड़ी को स्ट्राइक-किक या

पंच अपने प्रतिद्वंद्वी के सिर, गर्दन, कमर या पीठ पर मारन पर ही अंक मिलते हैं।

काटा भी पुरुष और महिला वर्ग में खेला जाता है जिसमें खिलाड़ी अपने आक्रामक और रक्षात्मक कौशल का प्रदर्शन करते हैं। काटा कुल 102 प्रकार के होते हैं लेकिन विश्व कराटे संघ ने ओलम्पिक में हियान शोडान और निजुशीहो प्रकार को ही ओलम्पिक खेलों में उतारने की अनुमति दी।

मॉडर्न पेंटाथलॉन

पेंटाथलॉन प्राचीन ओलम्पिक का हिस्सा था लेकिन तब इसमें दौड़, लम्बी कूद, भाला फेंक, चक्का फेंक और कुश्ती शामिल थी। आधुनिक पेंटाथलॉन यानी मॉडर्न पेंटाथलॉन में पिस्टल निशानेबाजी, तलवारबाजी, तैराकी, घुड़सवारी और दौड़ शामिल होती हैं।

ओलम्पिक में 1912 से लेकर 1992 तक मॉडर्न पेंटाथलॉन पाँच दिन आयोजित किया जाता था। मतलब हर दिन एक स्पर्धा लेकिन अब इसका आयोजन एक दिन में होता है। मतलब प्रतिभागी के दमखम और कौशल की असली परीक्षा अब होने लगी है। महिलाओं ने सिडनी 2000 से मॉडर्न पेंटाथलॉन में हिस्सा लेना शुरू किया था।

इस खेल में प्रतियोगी पहली तीन स्पर्धाओं यानी तैराकी, घुड़सवारी और तलवारबाजी में अंक बनाते हैं जिससे कि अन्तिम दो स्पर्धाओं पिस्टल निशानेबाजी और दौड़ के लिए संयुक्त शुरुआती पोजीशन तय की जाती है।

प्रतिभागी दौड़ लगाकर निशानेबाजी करता है और फिर दौड़ लगाकर फिनिशिंग लाइन तक पहुँचता है। जो खिलाड़ी सबसे पहले फिनिशिंग लाइन पार करता है उसे विजेता घोषित किया जाता है।

नौकायन (Rowing, रोइंग)

नौकायन में नौकाचालक एक पतवार के सहारे नाव चलाते हैं। कैनोइंग में जहाँ ग्रिलाड़ी आगे की ओर नाव चलाते हैं वहीं रोइंग (नौकायन) में पीठ की तरफ चलाई जाती है। इसमें रेस को दो भागों स्कलिंग और स्वीप ओआर में विभाजित किया जाता है। स्कलिंग में नौकाचालक दो पतवार यानी चप्पू का उपयोग करता है जबकि स्वीप में उसके पास केवल एक चप्पू होता है। स्कलिंग में एकल, युगल और चार स्कल्स होते हैं जबकि स्वीप स्पर्धा में दो, चार या आठ खिलाड़ी नाव चलाते हैं। जिसमें आठ रोवर्स होते हैं उसमें कॉक्सवैन भी होता है जो एक तरह से टीम का कप्तान माना जा सकता है। इसमें दो अन्य स्पर्धाएँ कॉक्सलेस होती है। पुरुष और महिला वर्ग में उनके वजन के अनुरूप एक-एक 'लाइटवेट' स्पर्धा भी होती है।

नौकायन यानी रोइंग को 1896 एथेंस ओलम्पिक के कार्यक्रम में शामिल किया गया था लेकिन समुद्र में उठती तेज लहरों के कारण

आयोजकों को इसे रद्द करना पड़ा था। इसके बाद पेरिस ओलम्पिक 1900 में रोइंग ओलम्पिक का हिस्सा बना और तब से हर बार इसके कार्यक्रम में शामिल रहा। महिलाओं ने 1976 मांट्रियल में इस खेल में पदार्पण किया।

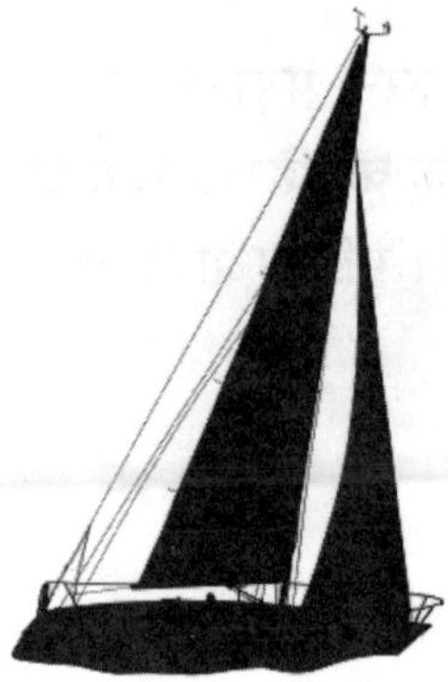

पाल नौकायन (Sailing, सेलिंग)

सेलिंग में नौका चालक को तमाम विपरीत परिस्थितियों में अपने कौशल और दमखम का परिचय देना होता है। इसमें खिलाड़ी को लहरों की ऊँचाई, ज्वार, हवा की गति आदि का ध्यान भी रखना होता है। मतलब खिलाड़ी का शारीरिक ही नहीं मानसिक तौर पर मजबूत होना भी जरूरी है। इसमें प्रत्येक स्पर्धा में रेस की एक श्रृंखला होती है और अंकों के आधार पर खिलाड़ियों की स्थिति तय की जाती है। रेस के दौरान नौकाओं को एक कोर्स नेविगेट करना होता है जो त्रिकोण होता है। इसकी स्पर्धाओं में 'टू पर्सन डिंगी' में दो खिलाड़ी 4.7 मीटर नाव को चलाते हैं। 'वन पर्सन डिंगी'

पेरिस ओलम्पिक 1900 में इस तरह से पहली बार सेलिंग की स्पर्धाएँ आयोजित की गई और उसके बाद सेंट लुई 2004 को छोड़कर यह प्रत्येक ओलम्पिक का हिस्सा रहा है।

कैनोइंग - कयाकिंग यानी डोंगी चालन

कैनोइंग-कयाकिंग यानी डोंगी चालन भी जलीय खेल है इसमें दो अलग-अलग तरह की नावों के सहारे रेस लगाई जाती है। इन नावों को कैनोइ और कयाक कहा जाता है। कयाक को ग्रीनलैंड की जनता से प्रेरित होकर बनाया गया है। एस्किमो में 'कयाक' शब्द का मतलब होता है पुरुषों की नाव।

कैनोई की बनावट उसके कार्य के आधार पर तय की जाती है। दूसरी तरफ कयाक को इस तरह से तैयार किया जाता है कि उसमें बर्फ का पानी न घुस सके। अधिकतर इसमें एक समय पर एक ही व्यक्ति सवार होता है। कयाक एक बन्द नाव की तरह होती है जिसमें खिलाड़ी बैठकर पैडल मारता है। वहीं कैनोई ऊपर से खुली होती है और इसमें सिंगल ब्लेड पैडल लगते हैं।

कैनोइंग को पेरिस 1924 में प्रदर्शनी खेल के रूप में ओलम्पिक में शामिल किया गया था। बर्लिन ओलम्पिक 1936 से यह इन खेलों का आधिकारिक हिस्सा बना और तब से यह हमेशा ओलम्पिक कार्यक्रम में शामिल रहा है। ओलम्पिक में कैनोइंग - कयाकिंग की 16 स्पर्धाएँ होती हैं।

रग्बी

रग्बी फुटबॉल की तरह दो टीमों के बीच खेला जाने वाला खेल है। फुटबॉल में गेंद को पाँवों से मारा जाता है लेकिन रग्बी खिलाड़ी अंडाकार गेंद को हाथ में लेकर आगे भागता है। इसके साथ ही रग्बी में गेंद पर किक भी मारी जाती है। यह खेल भी फुटबॉल की तरह ही बड़े आयताकार मैदान पर खेला जाता है। प्रत्येक टीम में 15 खिलाड़ी होते हैं। दोनों सिरों पर एच आकार के गोलपोस्ट होते हैं जिसमें गेंद डालकर अंक बनाए जाते हैं। खिलाड़ियों में आठ फॉरवर्ड (हुकर, फ्लैंकर और नंबर आठ, दूसरी पंक्ति, प्रोप) और सात बैक (फ्लाई हॉफ, इनसाइड सेंटर, स्क्रम हॉफ, आउटसाइड सेंटर, विंगर्स और एक फुल बैक) होते हैं।

रग्बी के दो प्रमुख प्रारूप रग्बी यूनियन और रग्बी सेवन्स प्रचलित हैं। रग्बी यूनियन में 15 खिलाड़ी और रग्बी सेवन्स में सात खिलाड़ी होते हैं। इनके अलावा 'टच रग्बी, 'रग्बी फ्लैग, 'रग्बी 10' और 'बीच रग्बी' भी खेले जाते हैं। रग्बी यूनियन 80 मिनट तक खेला जाता है जिसमें 40 मिनट का एक हॉफ होता है। रग्बी सेवन्स में खेल का समय 14 मिनट होता है।

ओलम्पिक में 1900, 1908, 1920 और 1924 में रग्बी यूनियन शामिल था। इसके बाद रग्बी को ओलम्पिक कार्यक्रम से बाहर कर दिया गया। रियो ओलम्पिक 2016 में रग्बी सेवन्स की इन खेलों में वापसी हुई थी।

निशानेबाजी

निशानेबाजी में राइफल, पिस्टल और शॉटगन में प्रतियोगिताएँ होती हैं। इसी हिसाब से निशानेबाजी में तीन प्रकार की गन यानी बंदूक—राइफल, पिस्टल और शॉटगन—का उपयोग किया जाता है और उसी के अनुसार इसके तीन प्रकार निर्धारित किए गए हैं। राइफल सिंगल लोडेड गन होती है जिसका कैलिबर 5.6 मिलीमीटर होता है। पिस्टल गन में 10 मीटर एयर पिस्टल में 4.5 मिलीमीटर कैलिबर और 25 मीटर एयर पिस्टल में 5.6 मिलीमीटर कैलिबर का उपयोग किया जाता है। शॉटगन 12 गेज की होती है जिसका कैलिबर 18.5 मिलीमीटर होता है। निशानेबाज विशेष जैकेट पहनकर निशानेबाजी करता है। इससे निशानेबाज को शरीर का सन्तुलन बनाने में मदद मिलती है और उस पर निशाना लगाने के बाद झटका भी कम लगता है।

राइफल निशानेबाजी में निश्चित दूरी से निशाना लगाया जाता है। इसमें दो स्पर्धाएँ होती हैं 50 मीटर राइफल थ्री पोज़ीशन और 10 मीटर एयर राइफल। इनमें से 50 मीटर एयर राइफल में निशानेबाज

नीलिंग (घुटने के बल बैठकर), प्रोन (लेटकर) और स्टैंडिंग (सीधा खड़ा होकर) की पोजीशन में निशाना साधता है। 10 मीटर एयर राइफल में निशानेबाज को 60 निशाने लगाने होते हैं। ओलम्पिक में 10 मीटर एयर राइफल की मिश्रित स्पर्धा भी शामिल की गई है। मतलब इसमें पुरुष और महिलाएँ दोनों भाग लेते हैं। इन दोनों स्पर्धाओं में क्वालीफाइंग दौर के बाद शीर्ष आठ खिलाड़ी फाइनल में पहुँचते हैं जो फिर से निशाने लगाते हैं।

पिस्टल में तीन स्पर्धाएँ होती हैं—25 मीटर रेपिड फायर पिस्टल, 25 मीटर पिस्टल और 10 मीटर एयर पिस्टल। इनमें से 25 मीटर रेपिड फायर पिस्टल केवल पुरुष जबकि 25 मीटर पिस्टल में केवल महिला निशानेबाज भाग लेते हैं। 10 मीटर एयर पिस्टल में महिलाएँ और पुरुष दोनों भाग लेते हैं। इसमें मिश्रित स्पर्धा का भी आयोजन होता है। इन सभी स्पर्धाओं में शीर्ष आठ खिलाड़ी क्वालीफाईंग के बाद फाइनल में जगह बनाते हैं।

शॉटगन में स्कीट और ट्रैप स्पर्धाएँ आती हैं जिसमें निशानेबाज उड़ती हुई वस्तु (क्ले) को निशाना बनाते हैं। इसमें पुरुष और महिलाएँ दोनों भाग लेते हैं जबकि ट्रैप में मिश्रित स्पर्धाएँ भी आयोजित की जाने लगी हैं। स्कीट में निशानेबाज आठ अलग-अलग स्थानों यानी स्टेशन से निशाना लगाते हैं। इसमें दो स्थानों से क्ले उड़ाई जाती है। इनमें से बाएँ हिस्से को 'हाई हाउस' और क्ले का 'मार्क' जबकि दाएँ हिस्से को 'लो हाउस' और क्ले को 'पुल' कहा जाता है। इसमें आखिर में शीर्ष पर रहने वाले आठ निशानेबाज पदक की दौड़ में शामिल होते हैं। ट्रैप में पाँच अलग-अलग स्थानों से क्ले उड़ाई जाती है। इसमें भी चोटी की छह टीमें फाइनल में पहुँचती हैं।

निशानेबाजी 1896 एथेंस ओलम्पिक से ही इन खेलों का हिस्सा बन गया था लेकिन तब केवल पाँच स्पर्धाएँ आयोजित की गई थीं। अब ओलम्पिक में निशानेबाजी में तीनों वर्गों में कुल 15 स्पर्धाएँ आयोजित की जाती हैं। टोक्यो ओलम्पिक में महिला और पुरुष वर्ग में छह-छह स्पर्धाओं के अलावा पहली बार 10 मीटर एयर राइफल, 10 मीटर एयर पिस्टल और शॉटगन ट्रैप में मिश्रित स्पर्धाएँ शामिल की गई थीं।

स्केटबोर्डिंग

स्केटबोर्ड एक छोटा बोर्ड होता है जिसके नीचे दोनों तरफ दो छोटे पहिये लगे होते हैं। इसमें भाग लेने वाले खिलाड़ियों को स्केटर्स या स्केटबोर्ड्र्स कहा जाता है जो जम्प, फ्लिप और मिड एयर स्पिन जैसी कलाओं का प्रदर्शन करके अंक हासिल करते हैं।

ओलम्पिक में यह खेल महिला एवं पुरुष दोनों वर्गों में शामिल हैं। इसमें पार्क और स्ट्रीट की दो स्पर्धाएँ शामिल हैं। दोनों स्पर्धाओं में प्रारम्भिक और फाइनल चरण होता है। प्रारम्भिक चरण में 20 स्केटर्स चार हीट में शामिल होते हैं। प्रत्येक हीट में पाँच-पाँच खिलाड़ी होते हैं। इसमें पहले आठ स्थानों पर रहने वाले स्केटर्स फाइनल में जगह बनाते हैं।

स्पोर्ट क्लाइंबिंग

स्पोर्ट क्लाइंबिंग मतलब दीवार पर चढ़ना। इसमें तीन स्पर्धाएँ होती हैं—बोउलडेरिंग, लीड क्लाइंबिंग और स्पीड। इसमें खिलाड़ी 15 मीटर से लम्बी और छह मीटर चौड़ी दीवार पर चढ़ते हैं। इसे लीड क्लाइंबिंग कहा जाता है। इसे पूरा करने के लिए समय निर्धारित होता है। बोउलडेरिंग में क्लाइम्बर्स को एक मार्ग दिया जाता है जहाँ कुछ बाधाएँ होती हैं। इसके लिए दीवार 4.5 मीटर लम्बी होती है। खिलाड़ी को इसे एक बार में पार करना होता है। इसे कम से कम बार में एथलीट को पूरा करना होता है और इसकी दीवार 4.5 मीटर लम्बी होती है। स्पोर्ट क्लाइंबिंग में 40 खिलाड़ी हिस्सा लेते हैं जिन्हें 20-20 के दो समूहों में बाँटा जाता है। तीनों स्पर्धाओं में कुल मिलाकर सर्वाधिक अंक हासिल करने वाला खिलाड़ी विजेता घोषित किया जाता है।

सर्फिंग

सर्फिंग पानी से जुड़ा खेल है जिसमें खिलाड़ी को बोर्ड के सहारे लहरों के साथ 'राइड' करनी होती है। इसमें खिलाड़ी बोर्ड पर पानी की लहर को पार करता है। इसे खेलने का दूसरा तरीका होता है कि एक सर्फर (बॉडी सर्फिंग) भी कर सकता है।

प्रतियोगिता में सर्फर को यह अधिकार होता है कि वह अपनी दिशा यानी बाएँ या दाएँ का फैसला करे। ओलम्पिक में पुरुष और महिला दोनों वर्गों में प्रतियोगिताएँ हुईं। एक हीट में चार खिलाड़ी होते हैं जिनमें से शीर्ष पर रहने वाले दो खिलाड़ी अगले दौर में जगह बनाते हैं। सर्फर को उसके प्रदर्शन के आधार पर अंक दिए जाते हैं।

तैराकी

तैराकी मतलब तैरना। ओलम्पिक के सर्वाधिक लोकप्रिय खेलों में से एक। तैरना एक कला है जिसके लिए कौशल, ताकत, दमखम और जज्बे की जरूरत पड़ती है। तैराकी के भी कई स्वरूप हैं। जैसे फ्रीस्टाइल, बैकस्ट्रोक, ब्रेस्टस्ट्रोक, बटरफ्लाई आदि। इन सभी में ओलम्पिक में विभिन्न दूरियों की स्पर्धाएँ आयोजित की जाती हैं।

फ्रीस्टाइल तैराकी—यह परम्परागत तैराकी है जिसे 'फ्रंट क्रॉल' भी कहा जाता है। इसमें कम प्रयास में अधिकतम गति हासिल की जा सकती है। इसमें तैराक पेट के बल लेटकर अपने पैरों को हाथों को पवनचक्की की गति से बारी-बारी से घुमाया जाता है जबकि पाँवों से इस तरह से चलाया जाता है मानो वह फड़फड़ा रहे हों। इसमें बिना थकावट के लम्बी दूरी तय की जा सकती है इसलिए ओलम्पिक में फ्रीस्टाइल तैराकी 50 मीटर से लेकर 1500 मीटर तक की स्पर्धाएँ आयोजित की जाती हैं। ओलम्पिक में पुरुष और महिला वर्ग में 50 मीटर फ्रीस्टाइल, 100 मीटर फ्रीस्टाइल, 200 मीटर फ्रीस्टाइल, 400 मीटर फ्रीस्टाइल, 800 मीटर फ्रीस्टाइल, 1500 मीटर फ्रीस्टाइल,

4X100 मीटर फ्रीस्टाइल रिले, 4X200 मीटर फ्रीस्टाइल रिले का आयोजन किया जाता है।

बैकस्ट्रोक तैराकी—इसमें पीठ के बल लेटकर तैराकी की जाती है। फ्रीस्टाइल की तरह इसमें भी हाथों को पवनचक्की की तरह घुमाते हुए और पाँवों को फड़फड़ाते हुए आगे बढ़ा जाता है। इसमें सिर एक तटस्थ स्थिति में ऊपर की तरफ रहता है। इस प्रमुख अन्तर को छोड़कर यह फ्रंट क्रॉल यानी फ्रीस्टाइल की तरह ही तैराकी की जाती है हालाँकि यह अधिक मुश्किल स्ट्रोक है और इसलिए इसमें लम्बी दूरी की स्पर्धाएँ आयोजित नहीं की जाती हैं। ओलम्पिक में महिला एवं पुरुष वर्ग में 100 मीटर बैकस्ट्रोक और 200 मीटर बैकस्ट्रोक में स्पर्धाएँ आयोजित की जाती हैं।

ब्रेस्टस्ट्रोक तैराकी—इसमें पेट के बल तैराकी जाती है जिसे सभी प्रकार के स्ट्रोक में सबसे धीमा माना जाता है। इसमें हाथों को शरीर के सामने अर्धवृत्ताकार गति में ले जाया जाता है। पैरों को मोड़कर किक करके आगे बढ़ा जाता है। पानी के अन्दर मेढ़क की तरह किक मारना और साथ में हाथों को छाती तक लाकर फिर तेजी से आगे ले जाने से तैराक पानी में आगे बढ़ता है। ओलम्पिक में 100 मीटर ब्रेस्टस्ट्रोक और 200 मीटर ब्रेस्टस्ट्रोक की दो स्पर्धाएँ शामिल हैं।

बटरफ्लाई—ब्रेस्टस्ट्रोक पर बीच में रोक लगाए जाने से बटरफ्लाई का जन्म हुआ था, जिसे आधिकारिक तौर पर पहली बार मेलबर्न ओलम्पिक खेल 1956 में शामिल किया गया था। तैराकी का ऐसा प्रकार जिसमें उत्कृष्ट तैराक की भी कड़ी परीक्षा होती है। बटरफ्लाई में बाँहों को सिर के ऊपर लाकर आगे बढ़ने के लिए पानी में नीचे धकेला जाता है। पाँव ऊपर से नीचे की तरफ किक करते हैं जिसे डॉल्फिन किक कहा जाता है। ओलम्पिक में महिला और पुरुष

वर्ग में 100 मीटर बटरफ्लाई और 200 मीटर बटरफ्लाई की स्पर्धाएँ आयोजित की जाती हैं।

मेडले—तैराकी की चार शैलियों बैकस्ट्रोक, ब्रेस्टस्ट्रोक, बटरफ्लाई और फ्रीस्टाइल का संयोजन है मेडले। मतलब तैराक को एक रेस में तैराकी की इन चारों शैलियों का प्रदर्शन करना पड़ता है। प्रतियोगिताओं में इसका आयोजन व्यक्तिगत मेडले यानी एक तैराक द्वारा चारों शैलियों का प्रदर्शन करते हुए तैरना या मेडले रिले के रूप में किया जाता है। मेडले रिले में चार तैराक हिस्सा लेते हैं जिसमें प्रत्येक तैराक भिन्न शैली में तैरता है। इसमें सबसे पहले बैकस्ट्रोक तैराकी होती है तथा उसके बाद ब्रेस्टस्ट्रोक, बटरफ्लाई और फ्रीस्टाइल। ओलम्पिक में पुरुष और महिला वर्ग में 200 मीटर वैयक्तिक मेडले, 400 मीटर वैयक्तिक मेडले, 4X100 मीटर मेडले रिले और 4X100 मीटर मेडले मिश्रित रिले का आयोजन किया जाता है।

तैराकी 1896 में ही ओलम्पिक का हिस्सा बन गया था लेकिन तब केवल पुरुष तैराकों ने इसमें भाग लिया था। महिला तैराक पहली बार 1912 में स्टॉकहोम ओलम्पिक में इन खेलों का हिस्सा बनी थीं। अमेरिका के माइकल फेल्प्स को तरणताल का बादशाह कहा जाता है। उन्होंने सिडनी ओलम्पिक 2000 में पहली बार ओलम्पिक में हिस्सा लिया तथा चार ओलम्पिक में 23 स्वर्ण सहित 28 पदक अपने नाम किए।

गोताखोरी (डाइविंग)

गोताखोरी यानी डाइविंग मतलब गोता लगाना। ओलम्पिक में गोताखोरी की दो स्पर्धाएँ होती हैं। पहली स्प्रिंगबोर्ड जिसमें एथलीट तीन मीटर ऊँचे बोर्ड से गोता यानी डाइव लगाता है। दूसरी स्पर्धा होती है प्लेटफार्म जिसमें एथलीट 10 मीटर ऊँचे प्लेटफार्म यानी मंच से गोता लगाता है। गोताखोरी में व्यक्तिगत स्पर्धा होती है और सिंक्रोनाइज़्ड डाइविंग भी, जिसमें दो गोताखोर टीम बनाकर एक साथ गोता लगाते हैं।

गोताखोर को प्लेटफार्म से पानी तक पहुँचने में दो सेकेंड के अन्दर गोता लगाने की अपनी कला दिखानी होती है और पूरे सलीके से पानी के अन्दर जाने के लिए तैयार होना होता है। इसलिए ये दो सेकेंड गोताखोर के लिए बेहद महत्त्वपूर्ण होते हैं। गोताखोर ऊर्ध्वाधर यानी हाथों को नीचे करके सीधी पोजीशन में पानी के अन्दर जाता है। पानी में जाते समय छपाक की आवाज कम से कम होनी चाहिए। इसे 'रिप इंट्रीज' कहा जाता है और इस पर सर्वाधिक अंक मिलते हैं।

गोताखोरी को पहली बार 1904 में सेंट लुई खेलों में शामिल किया गया और तब से लेकर यह इस खेल महाकुंभ का हिस्सा बना हुआ

है। महिलाओं ने गोताखोरी में 1912 में स्टॉकहोम खेलों से भाग लेना शुरू किया था। इससे पहले लंदन ओलम्पिक 1908 में स्प्रिंगबोर्ड और प्लेटफार्म स्पर्धाएँ ओलम्पिक कार्यक्रम में शामिल की गई थीं। सिडनी ओलम्पिक 2000 से सिंगक्रनाइज़्ड (लयबद्ध) गोताखोरी को स्प्रिंगबोर्ड और प्लेटफार्म दोनों वर्गों में जोड़ दिया गया।

वाटर पोलो

जैसा कि नाम से ही विदित है कि यह पानी का खेल है। वाटर पोलो में दो टीमें आमने-सामने होती हैं। प्रत्येक टीम में गोलकीपर सहित सात-सात खिलाड़ी भाग लेते हैं। इसमें चार क्वार्टर होते हैं और खिलाड़ी एक-दूसरे के गोल में गेंद को थ्रो करके गोल करती है। आखिर में जिस टीम के सर्वाधिक गोल होते हैं वह विजेता बन जाती है। यह खेल अमूमन सात फुट गहरे तरणताल में खेला जाता है। मतलब वाटर पोलो में भाग लेने के लिए कुशल तैराक होना जरूरी है। यह भी ध्यान देने योग्य बात है कि गेंद को केवल एक हाथ से पकड़ना होता है। केवल गोलकीपर ही दोनों हाथों से गेंद को पकड़ सकता है। वाटर पोलो में कोई भी खिलाड़ी अपने पाँव नीचे जमीन पर नहीं रख सकता है।

वाटर पोलो को पेरिस ओलम्पिक 1900 में ओलम्पिक खेलों में शामिल किया गया था लेकिन यह 1904 सेंट लुई में केवल अमेरिकी टीम ने इसमें हिस्सा लिया था और इसलिए अन्तरराष्ट्रीय ओलम्पिक समिति ने इसे सेंट लुई खेलों में गैर आधिकारिक खेलों में शामिल किया है। बाद में वाटर पोलो प्रत्येक ओलम्पिक खेलों का हिस्सा रहा।

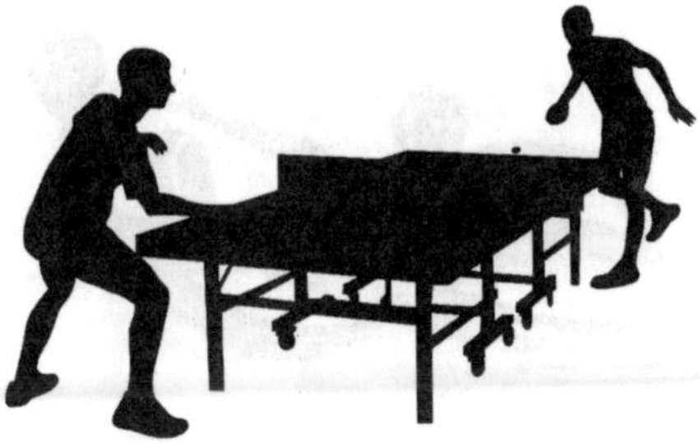

टेबल टेनिस

टेबल टेनिस 2.74 X 1.53 मीटर की आयताकार टेबल पर खेला जाता है जिसके बीच में जाली लगी होती है। इसमें जाली की ऊँचाई 15.25 सेंटीमीटर होती है। टेबल टेनिस रैकेट या बल्ला लकड़ी से बना होता है और इसके दोनों तरफ रबड़ की सतह होती है। यह लगभग 17 सेमी. लम्बा और 15 सेमी. चौड़ा होता है। टेबल टेनिस की गेंद का वजन 2.7 ग्राम होता है।

टेबल टेनिस एकल या युगल में खेला जाता है। इसमें जो खिलाड़ी पहले 11 अंक हासिल करता है वह उस गेम को जीत लेता है। एकल में मैच 'बेस्ट ऑफ सेवन' में जबकि युगल 'बेस्ट ऑफ फाइव' में खेले जाते हैं।

ओलम्पिक में टेबल टेनिस को पहली बार 1988 में शामिल किया गया। तब इसमें पुरुष और महिला वर्ग में एकल और युगल स्पर्धाएँ आयोजित की गई थीं। बीजिंग ओलम्पिक 2008 के बाद युगल की जगह टीम स्पर्धा को शामिल किया गया। टोक्यो ओलम्पिक 2020 में मिश्रित युगल की नई स्पर्धा जोड़ी गई।

ताइक्वांडो

ताइक्वांडो तीन शब्दों 'ताय', 'क्वोन' और 'डू' से बना है। 'ताय' का मतलब है पैर, 'क्वोन' का लड़ाई और 'डू' का अनुशासन। ताइक्वांडो कोरियाई मार्शल आर्ट है। इस खेल में हाथ और पाँव का इस्तेमाल अपने प्रतिद्वंद्वी को पस्त करने के लिए किया जाता है। इसी आधार पर जज खिलाड़ी को अंक देते हैं जिससे विजेता का निर्धारण भी होता है। ताइक्वांडो के खिलाड़ी कोरियाई मार्शल आर्ट की पोशाक पहनते हैं जिसे 'डोबोक' कहा जाता है। पोशाक के बीच बेल्ट पहनी जाती है। अनुभवी खिलाड़ी ब्लैक बेल्ट जबकि अनुभवहीन रंगीन बेल्ट पहनते हैं। ब्लैक बेल्ट एक तरह से उपाधि है।

ताइक्वांडो को ओलम्पिक में पहली बार 1988 में सियोल में प्रदर्शनी खेलों के रूप में शामिल किया गया। इसके बाद बार्सिलोना 1992 में भी यह प्रदर्शनी खेल था लेकिन अन्तरराष्ट्रीय स्तर पर इस खेल की बढ़ती लोकप्रियता को देखते हुए सिडनी 2000 में यह ओलम्पिक कार्यक्रम का हिस्सा बन गया। ओलम्पिक में पुरुष और महिला वर्गों में चार-चार वजन वर्गों में मुकाबले होते हैं।

टेनिस

रैकेट खेलों में सबसे लोकप्रिय खेल है लॉन टेनिस जो दुनिया भर में टेनिस के नाम से प्रसिद्ध है। यह आयताकार कोर्ट में खेला जाता है। जिसमें बीच में नेट यानी जाली लगी होती है। टेनिस कोर्ट की लम्बाई 78 फीट (23.77 मीटर) होती है। एकल मैचों के लिए उपयोग किए जाने वाले कोर्ट 27 फीट (8.23 मीटर) चौड़े, जबकि युगल मैचों के लिए कोर्ट 36 फीट (10.97 मीटर) चौड़े हैं। कोर्ट की सर्विस लाइन नेट से 21 फीट (6.4 मीटर) दूर होती है।

टेनिस एकल, युगल और मिश्रित युगल श्रेणियों में खेला जाता है। एक मैच 'बेस्ट ऑफ थ्री' या 'बेस्ट ऑफ फाइव' सेट में खेला जाता है। प्रत्येक सेट में खिलाड़ी को कम से कम छह गेम जीतने होते हैं। किसी सेट में जीत का अन्तर दो गेम का होना चाहिए लेकिन यदि दोनों खिलाड़ियों या टीम ने स्कोर 6-6 से बराबर कर दिया तो टाईब्रेकर होता है। टाईब्रेकर में खिलाड़ी या टीम को जीत के लिए कम से कम सात अंक बनाने होते हैं लेकिन दोनों प्रतिद्वंद्वियों के बीच कम से कम दो अंकों का अन्तर होना चाहिए। ऐसे में स्कोर 7-6 होता है।

एक गेम जीतने के लिए कम से कम चार अंक और अपने प्रतिद्वंद्वी से कम से कम दो अंक अधिक बनाने होते हैं। शून्य से लेकर आगे के तीन अंकों के स्कोर को क्रमशः 'लव', '15', '30', और '40' के रूप में वर्णित किया जाता है। दोनों खिलाड़ी अगर 40-40 के स्कोर पर पहुँचते हैं तो उसे 'ड्यूस' कहा जाता है। इसके बाद अंक बनने पर 'एडवांटेज' होता है जिसे संक्षिप्त में 'एड' कहते हैं। एडवांटेज हासिल करने वाला खिलाड़ी अगला अंक भी बना दे तो गेम उसके नाम हो जाता है।

टेनिस 1896 एथेंस से ही ओलम्पिक का हिस्सा रहा और 1924 पेरिस ओलम्पिक तक यह इन खेलों का अहम अंग बना रहा लेकिन इसके बाद इसे ओलम्पिक कार्यक्रम से हटा दिया गया। इसके बाद 1988 सियोल ओलम्पिक में टेनिस की वापसी हुई और तब से यह ओलम्पिक कार्यक्रम का हिस्सा बना हुआ है।

ट्रायथलॉन

ट्रायथलॉन एक ऐसा खेल है जिसमें किसी खिलाड़ी के असली दमखम और कौशल का पता चलता है। इसमें दौड़ना, तैरना और साइकिल चलाना शामिल है और वह भी बिना रुके हुए। ट्रायथलॉन में प्रतिभागियों को सबसे पहले 1500 मीटर फ्रीस्टाइल तैराकी में भाग लेना होता है। इसके तुरन्त बाद खिलाड़ियों को 40 किमी. की साइकिलिंग करनी होती है और फिर उन्हें 10 किमी. दौड़ दौड़नी होती है। तैराकी और साइकिलिंग के बाद 'ट्रांजिशन एरिया' में प्रवेश और उस समय जल्दी-जल्दी आवश्यक बदलाव करने होते हैं। यहाँ तक कि खिलाड़ी दौड़ने के अपने जूते साइकिलिंग करते हुए अपने साथ में रखते हैं ताकि उन्हें 'ट्रांजिशन' में ज्यादा समय नहीं बिताना पड़े। आखिर में जो खिलाड़ी सबसे पहले दौड़ पूरी करता है वह विजेता बनता है।

ट्रायथलॉन को ओलम्पिक में सबसे पहले सिडनी 2000 में शामिल किया और तब से यह ओलम्पिक कार्यक्रम का हिस्सा बना हुआ है।ओलम्पिक में अभी तक पुरुष और महिला वर्ग में व्यक्तिगत

स्पर्धाओं का आयोजन किया जाता था लेकिन टोक्यो ओलम्पिक 2020 में मिश्रित टीम रिले भी शामिल कर दी गई। मिश्रित टीम रिले में दो पुरुष और दो महिला खिलाड़ी भाग लेते हैं। इनमें से प्रत्येक खिलाड़ी को 300 मीटर तैराकी, आठ किमी. साइकिलिंग और दो किमी. दौड़ने के बाद अपनी टीम के अगले सदस्य को रिले सौंपनी होती है।

वॉलीबॉल

गाँवों से लेकर शहरों तक बेहद लोकप्रिय खेल है वॉलीबॉल। यह टीम गेम है जिसमें एक मैदान, जाली यानी नेट और गेंद की जरूरत पड़ती है। वॉलीबॉल के कोर्ट का आकार 18 मीटर लम्बा और नौ मीटर चौड़ा होता है। कोर्ट दो भागों में बँटा होता है और उसके बीच में नेट लगाई जाती है। इस तरह से कोर्ट का एक हिस्सा नौ मीटर लम्बा और इतने ही मीटर चौड़ा होता है। नेट का ऊपरी हिस्सा 2.43 मीटर पर होना चाहिए। महिलाओं के लिए यह ऊँचाई 2.24 मीटर होती है। वॉलीबॉल का वजन 260 ग्राम से कम और 290 ग्राम से अधिक नहीं होना चाहिए।

वॉलीबॉल में एक टीम में छह खिलाड़ी होते हैं जिनकी अलग-अलग भूमिकाएँ होती हैं। इसमें मुख्य रूप से पाँच पोजीशन होती हैं जिन्हें सेंटर्स, मिडल ब्लॉकर्स, आउटसाइड हिटर, वीकसाइड हिटर और लीबरो कहा जाता है। इसमें एक खिलाड़ी सर्विस करता है जिसे सर्व करना कहा जाता है। इसका मतलब है कि एक खिलाड़ी बेसलाइन के पीछे से गेंद को दूसरी टीम के खेमे (आधे कोर्ट के पार) में फेंकता

है और खेल ऐसे ही आगे बढ़ता है। एक टीम के खिलाड़ी केवल 3 बार ही गेंद को छू सकते हैं।

वॉलीबॉल अमूमन पाँच सेट तक यानी 'बेस्ट ऑफ फाइव' में खेला जाता है। इसमें पहले चार सेट 25 अंकों के होते हैं। अगर पहले दो सेटों में स्कोर 2-2 से बराबर है तो पाँचवाँ सेट 15 अंकों का होता है। हर रैली टूटने के बाद एक अंक मिलता है और जो टीम अंक हासिल करती है वही टीम सर्व करती है। यदि स्कोर 24-24 या 14-14 (पाँचवें सेट में) बराबर हो गया तो टीम को जीतने के लिए लगातार दो अंकों की ज़रूरत होती है।

वॉलीबॉल को ओलम्पिक में पहली बार 1964 में टोक्यो ओलम्पिक में शामिल किया गया और तब से यह ओलम्पिक कार्यक्रम का हिस्सा रहा है।

बीच वॉलीबॉल

बीच वॉलीबॉल जैसे नाम से ही पता चल रहा है यह समुद्र तटों पर खेला जाने वाला खेल है। वॉलीबॉल में जहाँ एक टीम में छह खिलाड़ी भाग लेते हैं वहीं बीच वॉलीबॉल दो-दो खिलाड़ियों के बीच खेला जाता है और इसमें स्थानापन्न की व्यवस्था भी नहीं होती है। मतलब बीच वॉलीबॉल में एक टीम में दो खिलाड़ी होते हैं। वॉलीबॉल इंडोर हार्डकोर्ट पर जबकि बीच वॉलीबॉल रेत पर खेला जाता है।

बीच वॉलीबॉल में खेल तीन सेट तक चलता है। इसमें पहले दो सेट में 21 अंक तक पहुँचना होता है जबकि तीसरे और अन्तिम सेट में 15 अंक हासिल करने होते हैं। बीच वॉलीबॉल में दो अंकों के अन्तर पर किसी टीम को सेट का विजेता माना जाता है। बीच वॉलीबॉल में एक ब्लॉकर्स और एक डिफेंडर होता है। बीच वॉलीबाल में कोर्ट 16 मीटर लम्बा और आठ मीटर चौड़ा होता है। इसके नेट की ऊँचाई पुरुषों के लिए 2.43 मीटर और महिलाओं के लिए 2.24 मीटर होती है। गेंद का वजन 260 से 280 ग्राम के बीच होता है।

भारोत्तोलन

भारोत्तोलन मतलब एक विशिष्ट कौशल के साथ भार उठाना। इसमें तकनीक अहम स्थान रखती है। भारोत्तोलन में स्नैच तथा क्लीन एवं जर्क दो तकनीक होती हैं। स्नैच में वजन को सीधे सिर के ऊपर उठाना होता है जबकि क्लीन एवं जर्क में दो चरणों में भार उठाया जाता है। इसमें भारोत्तोलक पहले कंधे तक भार उठाता और फिर उसे सिर के ऊपर ले जाता है। भारोत्तोलक भार उठाने के बाद हाथ सिर के ऊपर तक ले जाता है और इस बीच शरीर को सीधा रखता है तभी उसके प्रयास को सफल माना जाता है। प्रत्येक खिलाड़ी को तीन मौके मिलते हैं तथा सर्वाधिक भार उठाने वाला खिलाड़ी विजेता बनता है। इसमें खिलाड़ियों के लिए उनके वजन के अनुसार भार वर्ग होते हैं।

कई प्रतियोगिताओं में स्नैच, क्लीन एवं जर्क और ओवरऑल वजन के लिए पदक दिए जाते हैं लेकिन बड़ी प्रतियोगिताओं में ऐसा नहीं है तथा ओवरऑल वजन के अनुसार ही स्थानों का निर्धारण किया जाता है।

भारोत्तोलन शुरू से ही ओलम्पिक का अंग रहा है लेकिन बीच में तीन खेलों 1900, 1908 और 1912 में यह ओलम्पिक कार्यक्रम का हिस्सा नहीं था। महिलाओं ने भारोत्तोलन में सिडनी ओलम्पिक 2000 से भाग लेना शुरू किया था और तब भारत की कर्णम मल्लेश्वरी ने कांस्य पदक जीतकर इतिहास रचा था।

कुश्ती

विश्व के सबसे प्राचीन खेलों में शामिल है कुश्ती जो भारत में भी युगों से प्रचलित है। कुश्ती एक प्रकार का द्वंद्वयुद्ध है, जो बिना किसी शस्त्र की सहायता के केवल शारीरिक बल के सहारे लड़ा जाता है। इसमें प्रतिद्वंद्वी को अंग-भंग किए या पीड़ा पहुँचाए बिना परास्त किया जाता है। पुराणों में इसका उल्लेख मल्लक्रीड़ा के रूप में मिलता है। कुश्ती सदियों से अखाड़ों में खेली जाती रही है।

कुश्ती के दो स्वरूप फ्रीस्टाइल और ग्रीको रोमन प्रचलित हैं। फ्रीस्टाइल कुश्ती सबसे लोकप्रिय कुश्ती है। फ्रीस्टाइल और ग्रीको रोमन कुश्ती दोनों में स्कोरिंग प्रणाली और मुकाबलों का प्रारूप समान होता है लेकिन इनमें सबसे बड़ा अन्तर पाँवों के उपयोग से जुड़ा है। फ्रीस्टाइल कुश्ती में पाँवों को पकड़ा जा सकता है या पाँवों का उपयोग किया जाता है लेकिन ग्रीको रोमन शैली में कमर के नीचे नहीं पकड़ा जा सकता है या रक्षात्मक अथवा आक्रमण के उद्देश्य से पाँवों का उपयोग नहीं किया जा सकता है।

फ्रीस्टाइल कुश्ती और ग्रीको-रोमन दोनों में मुकाबले तीन-तीन मिनट के दो राउंड में होते हैं। खिलाड़ियों के पहले राउंड के बाद 30 सेकेंड का ब्रेक मिलता है। किसी पहलवान को जीत के लिए अपने प्रतिद्वंद्वी के दोनों कंधों को मैट पर लगाना होता है या एक निर्धारित समय में उससे ज़्यादा अंक लेने होते हैं।

ओलम्पिक चाहे प्राचीन हों या आधुनिक, कुश्ती उनका अहम हिस्सा रही। पहले ओलम्पिक खेलों के लिए जिन दस खेलों का चयन किया गया था उनमें कुश्ती भी शामिल थी। एथेंस में पहले ओलम्पिक खेलों में कोई भार वर्ग नहीं थे और इसमें भाग लेने वाले पाँचों पहलवानों ने पेशेवर ग्रीको रोमन शैली के नियमों के हिसाब से पहलवानी की थी। कोई समय भी निर्धारित नहीं था और किसी एक पहलवान के जीतने तक मुकाबला चलता रहता था। फ्रीस्टाइल कुश्ती सेंट लुई में 1904 में हुए ओलम्पिक खेलों में पहली बार शामिल की गई। महिलाओं को पहले कुश्ती से दूर रखा जाता था लेकिन एथेंस 2004 से ओलम्पिक में महिला पहलवान भी भाग लेने लगी हैं।